时代华商
物业管理
策划中心

组织编写

**智慧物业管理与服务系列**

# 物业客服人员工作手册

## 岗位·沟通·技能·晋阶

全国百佳图书出版单位

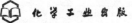
化学工业出版社

·北京·

## 内容简介

《物业客服人员工作手册：岗位·沟通·技能·晋阶》一书由客服人员岗位须知（客服人员工作范围、客服人员岗位职责、客服人员礼仪要求、客服人员能力要求），客服人员的沟通能力（沟通三部曲、多渠道沟通、沟通的技巧），客服人员服务技能（业主入住服务、二次装修服务、咨询接待服务、费用催缴服务、社区文化建设），客服人员管理技能（物业资料管理、业主投诉处理、业主回访管理），以及客服人员成长规划（进行自我提升、实施自我训练）内容组成。

本书采用图文解读的方式，让读者在轻松阅读中了解物业管理与服务的要领并学以致用。本书尽量做到去理论化，注重实操性，以精确、简洁的方式描述重要知识点，满足读者希望快速掌握物业管理相关知识的需求。

本书可作为物业公司基层培训的教材，物业公司也可运用本书内容，结合所管辖物业的实际情况，制定有本公司特色的物业服务工作标准。

**图书在版编目（CIP）数据**

物业客服人员工作手册：岗位·沟通·技能·晋阶/时代华商物业管理策划中心组织编写. —北京：化学工业出版社，2022.9
（智慧物业管理与服务系列）
ISBN 978-7-122-41679-7

Ⅰ. ①物… Ⅱ. ①时… Ⅲ. ①物业管理-商业服务-手册 Ⅳ. ①F293.33-62

中国版本图书馆CIP数据核字（2022）第105487号

责任编辑：陈 蕾　　　　　　　　　装帧设计：溢思视觉设计
责任校对：宋 玮　　　　　　　　　　　　　　　E-mail: isstudio@126.com

出版发行：化学工业出版社（北京市东城区青年湖南街13号　邮政编码100011）
印　　装：天津画中画印刷有限公司
710mm×1000mm　1/16　印张12¾　字数170千字
2022年10月北京第1版第1次印刷

购书咨询：010-64518888　　　　　　售后服务：010-64518899
网　　址：http://www.cip.com.cn
凡购买本书，如有缺损质量问题，本社销售中心负责调换。

定　　价：59.80元　　　　　　　　　　　　　　　版权所有　违者必究

# 前言

随着城市化进程的不断加快与深入，居民社区、写字楼、大型商场、公共基础服务设施、工业园区、学校、医院、景区等都对物业管理这一行业有着极大的需求。但是，针对不同等级的物业标准又对物业管理的要求提出了相应的规范，而现代高水平的物业管理正有推向智能化发展的趋势，打造一个便捷、舒适、高效、智能的物业管理氛围是现代物业管理不断向前发展的探索目标。

目前，物业管理行业不仅需要强化各项信息化手段在现代物业管理中的应用力度，还应促使现代物业管理向着智能化方向发展。具体要求要突出现代物业管理的智能化内涵，满足现代化社区对物业管理的要求，为居民提供更加智能化、人性化的服务，推动物业服务高质量发展。

2020年，住房和城乡建设部、工业和信息化部、国家市场监督管理总局等6部门联合印发的《关于推动物业服务企业加快发展线上线下生活服务的意见》中明确指出，要推进物业管理智能化，强调推动设施设备管理智能化。在物业管理行业逐渐进入泛智慧化的新阶段，设施设备作为物业管理领域中的重点和难点，同时也是融合新技术进行价值赋能最好的试验田，成为各物业公司的"必争之地"，其中以建筑智能化为抓手进行数字化转型已成为发展智慧物业的主要落脚点之一。

智慧物业借助智慧城市、智慧社区起步发展，正逐步实现数字化、智慧化。智慧停车、智慧安防、智慧抄表、智能门禁、智能会议等智能化应用，在一定程度上提高了物业管理企业的态势感知、科学决策、风险防范能力，在激烈的市场竞争中为降本增效提供了充分的技术保障，进而增强企业的数字化治理能力。数字化治理是新时代下智慧物业管理应用的鲜明特征，将引领物业管理行业管理方式的深刻变革，推动面向建筑智能化的智慧物业应用迈向新高度。

现代物业管理既是机遇又是挑战，因此，物业服务企业要重视各类专业的智能化管理技术，从劳动密集型向技术密集型转变，不断学习更新管理服务技术，紧跟科技潮流，向着更广阔的发展前景迈进。

基于此，我们组织相关职业院校物业服务专业的老师和房地产物业咨询机构的老师联合编写了本书。

《物业客服人员工作手册：岗位·沟通·技能·晋阶》一书由客服人员岗位须知、客服人员的沟通能力、客服人员服务技能、客服人员管理技能和客服人员成长规划内容组成，给物业管理者提供参考。

　　本书在编写过程中引用的范本和案例，大都来自知名物业企业，但范本和案例是为了解读物业服务企业标准化实操的参考和示范性说明，概不构成任何广告。

　　由于编者水平有限，加之时间仓促、参考资料有限，书中难免出现疏漏，敬请读者批评指正。

编　者

# 目录

Contents

## 第一章
### 1

## 客服人员岗位须知

本章学习目标

1.了解客服人员的工作范围。

2.明确客服人员的岗位职责。

3.了解客服人员的礼仪要求。

4.了解客服人员的能力要求。

💬 第一节　客服人员工作范围　　　2

一、接待工作　　　2

二、沟通协调及投诉处理　　　2

三、监管工作　　　3

四、资料档案管理　　　3

五、社区文化活动开展　　　3

六、综合事务处理　　　3

💬 **第二节　客服人员岗位职责** 　　　　4

一、客服主管岗位职责 　　　　4

二、物业管理员岗位职责 　　　　4

三、客服专员岗位职责 　　　　5

四、社区文化管理员岗位职责 　　　　5

五、收费员岗位职责 　　　　7

💬 **第三节　客服人员礼仪要求** 　　　　7

一、仪容礼仪 　　　　8

二、着装礼仪 　　　　9

三、举止礼仪 　　　　10

知识拓展　客服人员举止注意事项 　　　　15

四、表情礼仪 　　　　15

知识拓展　微笑的力量 　　　　18

五、言谈礼仪 　　　　19

知识拓展　常用服务语言 　　　　20

💬 **第四节　客服人员能力要求** 　　　　23

一、计算机应用能力 　　　　24

二、心理承受能力 　　　　24

三、应变能力 　　　　25

知识拓展　提高应变能力的技巧 　　　　26

四、语言表达能力 　　　　27

五、沟通协调能力 　　　　28

案例赏析　业主家中漏水，客服经理该如何

处理 　　　　28

学习回顾 　　　　31

学习笔记 　　　　31

# 第二章

## 33

## 客服人员的沟通能力

本章学习目标

1.掌握沟通的三部曲。

2.掌握不同沟通渠道的沟通礼仪和技巧。

3.掌握各类客服文书的写作要求。

💬 **第一节　沟通三部曲**　　　　　　　　　34

　一、耐心倾听　　　　　　　　　　　　　34

　　案例赏析　物业管理员不分缘由制止

　　　　　　　业主装修带来的麻烦　　　　37

　二、快速反馈　　　　　　　　　　　　　38

　三、落实回复　　　　　　　　　　　　　38

💬 **第二节　多渠道沟通**　　　　　　　　　39

　一、电话沟通　　　　　　　　　　　　　39

　　案例赏析　接待员礼貌耐心地接待业主咨询　43

　二、微信沟通　　　　　　　　　　　　　46

　　知识拓展　业主微信群的负面舆情怎么应对？　48

　三、文字沟通　　　　　　　　　　　　　50

　　范本　清洗外墙通知　　　　　　　　　51

　　　　文明养犬通知　　　　　　　　　　52

　　范本　出入小区刷卡通知　　　　　　　53

　　　　办理业主卡的通知　　　　　　　　54

　　范本　好消息　　　　　　　　　　　　55

　　范本　春节温馨提示　　　　　　　　　57

　　　　关于天气变化的温馨提示　　　　　58

　　范本　关于弱电系统改造工程完工的通告　59

　　范本　失物招领启事　　　　　　　　　60

　　知识拓展　客服文书的发布要求　　　　61

四、面对面沟通 62

💬 **第三节　沟通的技巧** **65**

　　一、处理好与业主（用户）的关系 65

　　二、掌握沟通的要点 68

　　　　案例赏析　物业管理人员因势利导与业主

　　　　　　　　　达成沟通 70

　　三、灵活运用沟通话术 71

　　　　知识拓展　物业客服人员话术集锦 74

　　　　学习回顾 87

　　　　学习笔记 87

**第三章**

**89**

# 客服人员服务技能

本章学习目标

1.掌握业主（用户）入住服务的要领。

2.掌握装修手续办理的流程。

3.掌握业主（用户）咨询服务的流程。

4.掌握社区文化建设的要点。

💬 **第一节　业主（用户）入住服务** **90**

　　一、入住前的准备工作 90

　　二、集中入住服务 92

　　　　范本　入伙手续书 94

　　三、零散入住服务 100

　　四、旧楼盘迁入服务 100

　　　　范本　新业主（用户）迁入办公通知 103

💬 **第二节　二次装修服务** **103**

　　一、装修手续办理 103

范本 装修施工责任承诺书 106

范本 装修许可证 112

范本 装修出入证 113

范本 装修协议书 114

二、装修过程监控 116

案例赏析 巡查工地惹来的纠纷 119

三、装修完工验收 123

知识拓展 二次装修查验的技巧 126

第三节 咨询接待服务 129

一、咨询服务的准备 130

二、咨询接待 131

三、来访接待 132

四、维修服务接待 132

知识拓展 日常报修的范畴 137

第四节 费用催缴服务 138

一、拖欠费用的种类 138

二、催缴工作要求 138

范本 费用催缴通知单 139

案例赏析 物业管理处成功追回拖欠的
管理费 140

三、停车费的催缴 140

范本 车位使用费催缴通知单 141

第五节 社区文化建设 141

一、社区文化需求的调研 141

二、社区文化的宣传 142

三、社区文化活动方案的编写 143

范本 "迎春节"社区文化活动方案 145

四、社区文化活动的开展 147

五、社区宣传栏的管理　　　　　148

学习回顾　　　　　149

学习笔记　　　　　150

## 第四章 151

## 客服人员管理技能

本章学习目标

1.能分类管理物业的各类档案资料。

2.能正确处理业主（用户）的各类投诉。

3.掌握回访业主（用户）的要领。

💬 第一节　物业资料管理　　　　　152

一、物业档案资料管理　　　　　152

二、业主（用户）资料管理　　　　　155

💬 第二节　业主（用户）投诉处理　　　　　158

一、投诉处理的要求　　　　　158

知识拓展　业主（用户）投诉的常见原因　　　　　161

二、投诉处理的程序　　　　　163

三、投诉的常规应对方法　　　　　165

案例赏析　及时处理并回复业主的投诉　　　　　167

四、投诉处理的技巧　　　　　168

案例赏析　业主装修，家具堆在公共楼道引

邻居投诉　　　　　170

💬 第三节　业主（用户）回访管理　　　　　171

一、关于投诉的回访　　　　　171

二、关于维修的回访　　　　　172

三、上门回访的安排　　　　　174

四、注重回访的细节    175

    学习回顾    177

    学习笔记    177

# 第五章
## 179

# 客服人员成长规划

本章学习目标

1.掌握自我提升的要领。

2.掌握自我训练的要领。

第一节   进行自我提升    180

一、充实完善提升自我    180

二、搞好工作场所人际关系    181

三、养成良好的心态    183

四、定位自己的服务风格    184

五、培养一流的服务意识    185

    案例赏析   称呼错误导致业主不满    186

第二节   实施自我训练    189

一、自我训练的方法    189

二、走向成功的步骤    190

    学习回顾    191

    学习笔记    191

# 第一章
## Chapter one

# 客服人员岗位须知

**本章学习目标**

1. 了解客服人员的工作范围。
2. 明确客服人员的岗位职责。
3. 了解客服人员的礼仪要求。
4. 了解客服人员的能力要求。

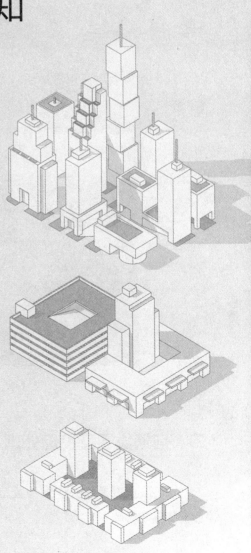

# 第一节　客服人员工作范围

物业客服人员的工作看似简单，实则烦琐复杂。"对客服务、组织协调、公共信息"是物业客服部所具备的三个主要功能，客服人员的工作范围就是围绕这三个功能开展的。

## 一、接待工作

（1）接受业主（用户）的日常咨询、报修等工作，并负责通知相关部门处理。

（2）负责客服热线答复各种询问，接待来访业主（用户）及其他客户，如图1-1所示。

图1-1　接待业主（用户）

## 二、沟通协调及投诉处理

（1）客户服务中心作为物业管理企业对外开设的主要窗口，对外协调与上级单位及行政主管部门的关系。

（2）协调与沟通和业主（用户）、业主委员会的关系。

（3）业主（用户）意见及投诉处理。

## 三、监管工作

（1）负责各种管理工作的检查、督促。

（2）外包工程项目（清洁、消杀、绿化、电梯等）的检查监管。

## 四、资料档案管理

（1）业主（用户）的各种档案（资料、装修资料）管理。

（2）各种家访、回访、统计资料管理。

（3）物业管理企业各类管理文件的整理。

（4）各种文书的起草、印发等工作。

## 五、社区文化活动开展

（1）组织物业管理企业各类社区文化的开展，制订各类活动方案。

（2）对活动做好总结。

## 六、综合事务处理

（1）物业管理企业各种费用的催缴、收取。

（2）为业主（用户）提供收楼、办证等服务。

（3）执行物业管理企业的各项管理规章制度。

# 第二节　客服人员岗位职责

物业客服中心通常由客服主管、客服专员、物业管理员、社区文化专员、收费员等岗位构成，不同的岗位有不同的职责。客服人员应当熟知自己的职责，按照职责要求开展工作，不得违背职责要求，做出有损物业管理企业和业主（用户）的事情。

## 一、客服主管岗位职责

（1）积极参加业务学习，严格执行物业管理企业的各项制度。

（2）熟悉所管辖物业的基本情况，包括：楼栋户数、居住人员情况、物业服务费、有偿服务的收费标准和计算方法等。

（3）根据部门分工对所分管的事务进行管理、监督、协调，做好各项日常工作记录，定时上报物业管理中心主任。

（4）热情接待业主（用户）和来访客人，对其提出的建议、意见、投诉要认真倾听、详细记录、耐心解释、及时处理。

（5）与业主（用户）保持友好联系，定期上门征求意见与建议，按照要求组织业主（用户）意见调查测评，达到指定标准的客户满意率。

## 二、物业管理员岗位职责

（1）熟悉有关物业管理法律法规及社区物业管理的有关政策的内容，熟悉所辖物业房屋和业主（用户）基本情况。

（2）负责业主（用户）来访、投诉、报修的登记和接待工作。

（3）负责物业管理处各类公文处理、档案管理工作。

（4）在客服主管领导下工作，检查督促清洁绿化工作，巡查小区情况，对客服主管负责。

（5）负责根据小区清洁、绿化管理工作程序及标准，通过清洁、绿化的日检、周检并记录，监督相关人员的工作实施情况。

## 三、客服专员岗位职责

（1）提供业主（用户）服务：包括咨询、请修服务、投诉受理、建议接待、事务办理、重要电话、留言及来访记录等。

（2）资料归档：做好各项业主（用户）服务记录；负责整理业主（用户）服务档案。

（3）业主入伙手续、装修手续的办理：清楚地告诉来访业主办理入伙与装修需要的具体手续。入伙期间，三天追踪跟进一次业主提出的房屋质量不合格单；入伙期间，建立业主服务档案；装修期间，按物业管理处规定办理装修出入证、放行条。

（4）办理车位租赁合同和车卡：在规定期限内办理完业主（用户）的车位租赁合同签订事务；负责办理本物业管理处车卡的新卡办理、延期、注销及建档等。

（5）办理入伙，办理水、电、管理费过户和报停、报启等手续。

如图1-2所示是××物业管理企业在网上发布的客服专员招聘启事。

## 四、社区文化管理员岗位职责

（1）在客服主管安排下，负责开展社区文化及社区宣传等工作。

（2）熟悉国家和本地有关物业管理法规、政策，熟悉小区业主（用户）和文体配套设施的基本情况，熟悉各种文娱体育活动的特点。

## 物业客服专员

××××元/月

████████物业管理有限公司　　　查看所有职位

武汉 │ 1年经验 │ 大专 │ 招2人 │ 01-05发布

员工旅游　年终奖金　五险一金　节日福利　节假双休

---

### ▎职位信息

1．负责物业区域内客户服务，接待日常客户来电、来访，受理各类服务预约；

2．接受客户咨询及投诉处理，及时分流处理，并做好跟踪及回访；

3．负责办理业主（住户）的装修、入住手续；对前台各类问题进行梳理、汇总等；

4．负责维修过程的监督，及时跟进维修情况。并将维修过程和结果向客服主管、项目经理进行汇报，对维修后使用情况向业主进行反馈并文字性记录存档；

5．每天对所管片区进行巡视，做好相关文字性记录，并向客服主管汇报巡视情况；

6．建立业主信息档案，并负责对业主的资料保密；

7．负责开展区域内物业费用催缴工作；

8．协助组织小区业主活动；

9．协助客服主管处理突发事件；

10．完成公司领导交办的其它临时性工作任务。

### ▎任职资格

1．年龄22～35周岁；

2．一年以上物业管理或前台客服工作经验，持物业上岗证者尤佳；

3．计算机操作熟练，Office办公软件使用熟练；

4．工作细致有耐心、有良好的语言组织能力和表达能力、服务意识、责任心强。

图1-2　客服专员招聘启事

（3）制订年度社区文化活动计划，报上级批准后负责实施。

（4）采取多种方式向业主（用户）宣传社区物业管理政策法规，宣传物业管理处各种管理措施及服务项目，促进业主（用户）了解在社区推行物业管理服务的积极意义。

（5）根据业主的特点，因地制宜组织各种聚会和文体娱乐活动，活跃小区的气氛，使业主（用户）与物业管理处建立良好的互动关系。

## 五、收费员岗位职责

（1）收款建账：水、电、维修费、管理费、固定车位费的收取；物业管理处日常现金收费项目的收款、建账、核算。

（2）账务管理：按财务制度规定，对物业管理处现金、发票、收据、账簿的保管。

（3）统计：水、电、管理费收费单的分类、发放、统计、报账等工作，协助业主（用户）补单。

（4）报表：向物业管理处财务核算室报送各类财务报表。

（5）解答业主（用户）费用方面咨询：熟悉小区内水电费、管理费、车位租赁费等各项收费标准，向业主（用户）做有关费用查询的解释工作。

> ❓ **小提示**
>
> 不是所有的物业客服中心都会设置以上岗位，而是根据物业规模的大小来设置，有些岗位则合并为一个岗位，比如，有的物业管理处并不设社区文化建设这一岗位，社区文化建设的职责可能由客服专员或物业管理员来承担。

# 第三节　客服人员礼仪要求

物业管理行业属于服务业，为人服务是其活动的主要形式。因此在与人打交道、为业主（用户）搞好服务中，注重礼仪，讲究礼貌、礼节，对于搞好物业管理工作具有重要意义。

# 一、仪容礼仪

仪容，通常是指人的外观、外貌。在人际交往中，每个人的仪容都会引起交往对象的特别关注。仪容的修饰包括了头发、面容等暴露在服装之外的部分，要求兼具自然美、修饰美，进而达到美好的内在修养与外在美的自然融合。

## 1.发式要求

头发整洁、发型大方是个人礼仪对发式美的最基本要求。作为客服人员，乌黑亮丽的秀发、端庄文雅的发型，能给业主（用户）留下美的感觉，并反映出员工的精神风貌和健康状况，如图1-3所示。

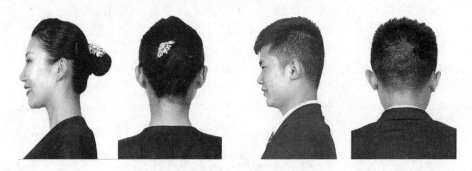

图1-3 客服人员发型示范

（1）头发必须常洗并保持整洁，发式应朴素大方。

（2）女员工留长发的，超过衣领的长发应整齐地梳成发髻，或以黑色发卡或样式简单的头饰束发；留短发的，肩膀以上的头发应梳理整齐；必要时，可用灰黑色发箍及发带束发。

（3）男员工头发的发梢不得超过衣领，鬓角不允许盖过耳朵，不得留大鬓角，不得留胡须。

## 2.面容的修饰

客服人员与业主（用户）打交道，面部的清洁与修饰非常重要，整洁明朗、容光焕发的面部会给对方留下良好的第一印象，为双方的沟通创造良好的开端。

男员工面部的修饰以干净、自然为基调。一般情况下不要留胡须，如果要留一定要修理成型。坚持每天早上剃须、修面。注意修剪鼻毛，切忌让鼻毛露出鼻腔。

女员工上班化淡妆（包括腮红、眼影、眉毛、口红以及个人使用的粉底），不得浓妆艳抹。嘴唇的化妆主要是涂唇膏（口红），以表现口唇的红润。口红以红色为主，不准用深褐色、银色等异色。

### 3.指甲的修饰

（1）指甲要经常清洗和修剪，指甲缝中不能留有污垢，指甲的长度，不应超过手指指尖。但是注意不要在公众场所剪指甲，这是失礼的表现。

（2）女员工在指甲上只允许使用无色的指甲油。

### 4.装饰的佩戴

（1）可戴一块手表，但颜色必须朴素大方，不可过于鲜艳。

（2）可戴一枚结婚戒指。

（3）可戴一对钉扣型耳环，式样或颜色不可夸张；不准佩戴吊式耳环。

（4）可以戴项链，但不得显露出来；工作用笔应放在外衣的内口袋里。

## 二、着装礼仪

服饰本身就是一种礼仪，它与自己所扮演的社会角色和所从事的社会活动密切相关。客服人员应统一着正式工作服装——制服。制服的穿着必须符合物业管理企业的相关规定，如图1-4所示。

（1）上班时间除特殊规定以外必须穿着制服。

（2）制服必须整洁、平整，按制服设计要求系上纽扣，挂上挂钩。无松脱和掉扣现象。

图1-4 客服人员统一制服

（3）爱护制服，使之干净无污迹无破损及补丁。

（4）在工作场所，工作期间应将洁净的工牌端正地佩戴在左胸前，不得任其歪扭。

（5）在物业管理处的工作范围内应按规定着鞋，特殊情况需穿着非工作鞋时，应穿和制服颜色相称的皮鞋；不得穿凉鞋、拖鞋上班。

# 三、举止礼仪

举止仪态是人的另一张名片，是一种无声的语言，它反映了一个人的气质风度、礼貌修养。

## 1.站姿

（1）要求：自然、优美、轻松、挺拔。

（2）要领：站立时身体要求端正、挺拔，重心放在两脚中间，挺胸、收腹，肩膀要平，两肩要平，放松，两眼自然平视，嘴微闭，面带笑容。平时双手交叉放在体后，与业主（用户）谈话时应上前一步，双手交叉放在体前。

（3）女员工站立时，双脚应呈"V"字形，双膝与脚后跟均应靠紧。男员工站立时，双脚可以呈"V"字形，也可以双脚打开与肩同宽，但应注意不能宽于肩膀。站立时间过长感到疲劳时，可一只脚向后稍移一步，呈休息状态，但上身仍应保持正直，如图1-5所示。

> **❓ 小提示**
>
> 　　客服人员在管理、服务过程中，应做到举止大方，不卑不亢，优雅自然。站立时不得东倒西歪、歪脖、斜肩、弓背、叉腿等，双手不得交叉，也不得抱在胸口或插入口袋，不得靠墙或斜倚在其他支撑物上。

图1-5　客服人员的站姿

## 2.坐姿

在接待业主（用户）时，客服人员坐姿要求如图1-6所示。

坐姿要端正稳重，切忌前俯后仰、半坐半躺，晃腿或抖腿，或以手托头，俯伏在桌子上。不论哪种坐姿女性切忌两腿分开或两脚呈八字形，男士双腿可略微分开，但不要超过肩宽。若需侧身说话，不可只转头部，而应上体与腿同时转动面向对方。

图1-6　客服人员的坐姿

### 3.走姿

客服人员的走姿如图1-7所示。

（1）要求：自然大方、充满活力、神采奕奕。

（2）要领：行走时身体重心可稍向前倾，昂首、挺胸、收腹，上体要正直，双目平视，嘴微闭，面露笑容，肩部放松，两臂自然下垂摆动，前后幅度约45°。

（3）行走时路线一般靠右行，不可走在路中间。行走过程遇业主（用户），应自然注视对方，点头示意并主动让路，不可抢道而行。如有急事需超越时，应先向业主（用户）致歉再加快步伐超越，动作不可过猛；在路面较窄的地方遇到业主（用户），应将身体正面转向业主（用户）；在来宾面前引导时，应尽量走在宾客的左前方。

> ❓ **小提示**
>
> 行走时不能走"内八字"或"外八字"，不应摇头晃脑、左顾右盼、手插口袋、吹口哨、慌张奔跑或与他人勾肩搭背。

图1-7　客服人员的走姿

### 4.蹲姿

要拾取低处物品时不能只弯上身、翘臀部，而应采取正确的蹲姿。下蹲时两腿紧靠，左脚掌基本着地，小腿大致垂直于地面，右脚脚跟提起，脚尖着地，微微屈膝，移低身体重心，直下腰拾取物品，如图1-8所示。

图1-8　客服人员的蹲姿

### 5.手势

要求：优雅、含蓄、彬彬有礼。

要领：在接待、引路、向业主（用户）介绍信息时要使用正确的手势，五指并拢伸直，掌心不可凹陷（女士可稍稍压低食指）。掌心向上，以肘关节为轴。眼望目标指引方向，同时应注意对方是否明确所指引的目标，如图1-9所示。

**图1-9 指引方向**

> **❓ 小提示**
>
> 客服人员不得用手指或用手拿着笔等物品为他人指示方向；不得用手指或用笔等物品指向他人。也不可只用食指指指点点，而应采用掌式。

### 知识拓展

## 客服人员举止注意事项

（1）注意举止形象，上班时间不得哼歌曲、吹口哨、跺脚，不得大声说话、喊叫，乱丢乱碰物品、发出不必要的声响，不得随地吐痰，乱扔杂物。

（2）整理个人衣物应到洗手间或是专用的指定区域，不得当众整理个人衣物或化妆；咳嗽、打喷嚏时应转身向后，并说对不起；不得当众剔牙，确实需要时，应背转身用一只手遮住口腔再进行。

（3）关注业主（用户），及时和到来的业主（用户）打招呼，以表示对业主（用户）的尊重；客服人员在工作、打电话或与人交谈时，如有其他的业主（用户）走近，应立即打招呼或点头示意，不准毫无表示或装作没看见。

（4）不要当着业主（用户）的面经常看手表。

## 四、表情礼仪

表情是人体语言中最为丰富的部分，是内心情绪的反映。人们通过喜、怒、哀、乐等表情来表达内心的感情。在人际沟通方面，表情起着重要的作用。优雅的表情，可以给人留下深刻的第一印象。

### 1.目光

目光是面部表情的核心。在与人交谈时，目光应当注视着对方，才能表现出诚恳与尊重。冷漠的、呆滞的、疲倦的、轻视的、左顾右盼的眼光都是不礼貌的。切不可盯人太久或反复上下打量，更不可以对人挤眉弄眼或用白眼、斜眼看人。

（1）注视的部位。与人交谈时，目光应该注视着对方。注视范围应上至对方额头，下至衬衣的第二粒纽扣以上，左右以两肩为准的方框中，一般有如图1-10所示的三种方式。

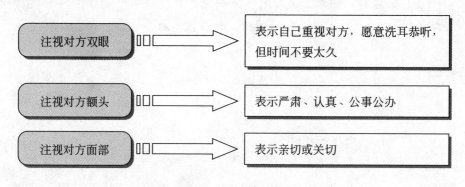

| 注视对方双眼 | → | 表示自己重视对方，愿意洗耳恭听，但时间不要太久 |
| 注视对方额头 | → | 表示严肃、认真、公事公办 |
| 注视对方面部 | → | 表示亲切或关切 |

图1-10　注视的方式

**❓ 小提示**

随意打量对方任意部位，表示轻视或怀疑对方。当对方沉默无语时，最好移开你的目光，以免紧张尴尬。

（2）注视的时间。注视时间应控制在整个谈话时间的1/3 ～ 2/3。目光注视时间太少，表示冷落、轻视或反感；时间过久的注视对方，特别对异性和初识者上下打量，是不礼貌的。

### 2.笑容

笑有微笑、大笑、冷笑、嘲笑等许多种，不同的笑表达了不同的感情。微笑是对人的尊重、理解和友善。与人交往时面带微笑，可以使人感到亲切、热情和尊重，使自己富于魅力，同时也就容易得到别人的理解、尊重和友谊。

　　微笑的美在于文雅、适度，亲切自然，符合礼仪规范。微笑要诚恳和发自内心，做到"诚于中而形于外"，切不可故做笑颜，假意奉承。

　　一般来说，微笑礼仪应做到"微笑三结合"，具体如图1-11，图1-12所示。

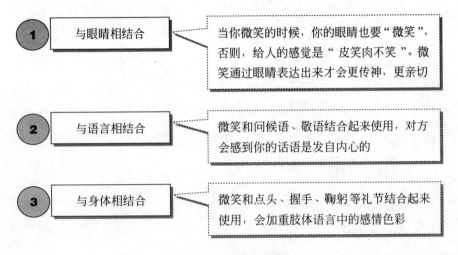

| | | |
|---|---|---|
| 1 | 与眼睛相结合 | 当你微笑的时候，你的眼睛也要"微笑"，否则，给人的感觉是"皮笑肉不笑"。微笑通过眼睛表达出来才会更传神，更亲切 |
| 2 | 与语言相结合 | 微笑和问候语、敬语结合起来使用，对方会感到你的话语是发自内心的 |
| 3 | 与身体相结合 | 微笑和点头、握手、鞠躬等礼节结合起来使用，会加重肢体语言中的感情色彩 |

图1-11　微笑三结合

图1-12　客服人员展现的微笑

▤ 知识拓展

# 微笑的力量

微笑是有自信心的表现，是对自己的魅力和能力抱有积极的态度。微笑可以表现出温馨和亲切，能有效地缩短双方的距离，给对方留下美好的心理感受，从而形成融洽的交往氛围。面对不同的场合、不同的情况，如果能用微笑来接纳对方，可以反映出你良好的修养和挚诚的情谊。

**1.微笑表现真挚友善的礼貌态度**

它能起到尊重他人、增进友爱、推动沟通、体现热情、愉悦心情的作用。微笑应发自内心，渗透情感，表里如一。不能像有的人虚情假意，假模假样，露出机械式笑容。也不能冷笑、傻笑、干笑、苦笑、皮笑肉不笑。自然大方、真实亲切和不加修饰的微笑才具有感染力。

**2.微笑表现自信乐观的良好修养**

对自己充满信心，对工作一丝不苟，对别人以诚相待。微笑的表情让人愉快舒心，是施加正面和良性的影响，它告诉对方你是善意的使者，是能信赖、能依靠的对象。在人际交往中，切忌表情冷漠或瞪眼皱眉，这样会导致对方十分难堪。

**3.微笑是人际交往的润滑剂**

微笑是消除芥蒂、化解矛盾，排遣紧张、缓解压力，慰藉他人、广交朋友、友善待人的有效方式。见面时握手、问候、交换名片以至于交谈都需要微笑。政务人员、商务人员和服务行业人员，以至于全社会人人都需要微笑。

# 五、言谈礼仪

言谈礼仪是指靠言语、体态和聆听艺术构成的沟通方式，指两个或两个以上的人所进行的对话，是双方知识、阅历、教养、聪明才智和应变能力的综合体现。

## 1.言谈的基本要求

（1）声音要自然、清晰、柔和、亲切，不要装腔作势。

（2）声调要有高有低，适合交谈内容的需要，不得让人感受到冷漠和不在意。

（3）声音不要过高或过低，以参与交谈的人都能听得清楚为准。

（4）交谈时，如有三人或三人以上对话，要使用相互都能听得懂的语言。

（5）不准讲粗话，不得使用蔑视和侮辱性的言语，不得模仿他人的语言声调谈话。

（6）不讲过分的玩笑，不得以任何借口顶撞、讽刺和挖苦业主（用户）。

## 2.常用对客服务语言

（1）遇到客户要面带微笑，站立服务。物业管理处人员应先开口，主动打招呼，称呼要得当，问候语要简单、亲切、热情。对于熟悉的客户要称呼客户姓氏。

（2）与客户对话时宜保持1米左右的距离，要注意使用礼貌用语。

（3）对客户的话要全神贯注、用心倾听，眼睛要平视客户的面部，要等客户把话说完，不要打断客户的谈话，不要有任何不耐烦的表示，要停下手中的工作，眼望着对方，面带微笑。对没听清楚的地方要礼貌地请客户重复一遍。

（4）说话时，特别是客户要求服务时，从言语中要体现出乐意为客户服务，不要表现出厌烦、冷漠、无关痛痒的神态，应说："好的，我马上就来办"或"我马上安排人员来办"。

📋 **知识拓展**

## 常用服务语言

1.你好！（您好！）

2.上午好/下午好/晚上好！××物业客户服务中心，我姓×，请问有什么可以帮助您的？

3.谢谢！对不起！不客气！再见！请稍等！

4.是的，×先生/小姐。

5.请问您找谁？请问有什么可以帮助您的吗？

6.请您不要着急！

7.我马上与××部门××先生/小姐联系后答复您。

8.请留下您的电话号码和姓名，好吗？

9.我们会为您提供帮助！

10.请您填好"投诉单"！

11.谢谢您的批评指正！

12.这是我们应该做的！

13.感谢您的来电！

14.对不起，打扰了！

15.对于您反映的问题我们会马上处理，并尽快给您回复，好吗？

### 3.不同情况下的礼貌用语

如表1-1所示的是不同情况下的常见礼貌用语。

表1-1 不同情况下的礼貌用语

| 序号 | 用语 | 详细说明 |
|------|------|----------|
| 1 | 接听电话时 | "您好！"<br>"您好，物业管理处。"<br>"请问您贵姓？"<br>"请问有什么可以帮您的吗？"<br>"对不起，先生，您刚才讲的问题我没听清楚，请您重述一遍好吗？"<br>"先生，您还有别的事吗？"<br>"对不起，先生，我把您刚才说的再复述一遍，看妥不妥当？"<br>"您能听清楚吗？"<br>"对不起，他不在，有什么事情需要我转告他吗？"<br>"谢谢您，再见。" |
| 2 | 打出电话时 | "先生，您好，我是××物业管理处的××……"<br>"您能替我转告他吗？"<br>"谢谢您，再见。" |
| 3 | 客户电话投诉时 | "请告诉我详情，好吗？"<br>"对不起，先生。我立即处理这个问题，大约在××时间给您答复。请问怎样与您联系？"<br>"您放心，我们会立即采取措施，使您满意。"<br>"很抱歉，给您添麻烦了。"<br>"谢谢您的意见。" |
| 4 | 业主（用户）来访投诉时 | "先生，您好！请问我能帮您什么忙吗？"<br>"先生，请问您贵姓？"<br>"您能把详细情况告诉我吗？"<br>"对不起，给您添麻烦了。"<br>"对不起，先生，您反映的问题由于某种原因暂时无法解决，我会把您的情况向物业管理处领导反映，尽快给您一个满意的答复。"<br>"对不起，让您久等了。我会马上把您的意见反馈到有关部门处理，大约在××时间给您一个答复。请您放心。"<br>"谢谢您的意见。" |
| 5 | 业主（用户）室内工程报修时 | "您好，服务中心。请问您室内哪里要维修？"<br>"您可以留下您的姓名和联络电话以方便维修人员联系您吗？"<br>"谢谢您的合作，我们尽快派人替您维修。大约在十分钟内给您答复。" |

续表

| 序号 | 用语 | 详细说明 |
|------|------|----------|
| 6 | 收费管理时 | "先生，您好！请问您是来交管理费的吗？请问您的房号？"<br>"您本月应交管费××元、上月电费××元、维修费××元。"<br>"收您××元，找回××元。"<br>"这是您的发票，请保管好。"<br>"谢谢您，再见。" |
| 7 | 业主（用户）电话咨询管理费时 | "先生，您好！请问有什么可以帮忙的吗？"<br>"请稍等，我帮您查一下。"<br>"贵物业管理处×月份的管理费××元、电费××元、维修费××元、仓库租金××元，共计××元。您打算来交款吗？" |
| 8 | 催收管理费 | "您×月份的管理费还没有交。我们于×日已经发出'缴款通知'，想必您已经收到了。现在再提醒您一下，按管理公约，管理费应在当月××日之前交纳，逾期管理物业管理处将按×%计收滞纳金。" |

## 4.服务忌语

为业主（用户）提供最优质的服务、令业主（用户）满意，这是每一位客服人员的职业要求。但有的时候，客服人员在与业主（用户）沟通时由于说了一些禁忌语，结果不但没能令顾客满意，反而造成适得其反的效果。因此，客服人员应杜绝以下服务忌语在工作中出现：

（1）喂！

（2）不知道。

（3）墙上贴着，没长眼睛呀！

（4）急什么，烦死人了！

（5）急什么，没看到我在忙着吗？

（6）哪个？他不在！

（7）要下班了，有事明天再来！

（8）不舒服，你别来了。

（9）快点，说完了没有？

（10）就这么说，怎么样？

（11）有本事你去告！

（12）喊什么，等一下！

（13）讲了半天，你还没听懂？

（14）出去，今天不办公。

（15）你问我，我问谁？

（16）我不管，该找谁找谁！

（17）我说不能办就不能办！

（18）你怎么这么麻烦？

（19）这个事儿我处理不了。

（20）我正在忙呢，你找他吧。

（21）你说话清楚点。

（22）你真烦，等一会吧！我在忙。

（23）你找谁呀？再说一遍，我没听清楚。

（24）都下班了，你不知道呀？

（25）急什么？

（26）你看清楚再问！

（27）墙上有，你自己看看就行了。

（28）你找谁，没这个人！

（29）渴了自己倒水，那儿有杯子。

（30）你自己都不知道，我怎么知道！

# 第四节　客服人员能力要求

物业客服人员是物业管理企业展示企业形象的一扇窗，是企业与业主（用户）沟通交流的桥梁，是企业与业主（用户）紧紧相连的纽带，是企业与业主（用户）消除隔阂的润滑剂，因此物业客服人员必须具备相应的能力要求，才能胜任这项工作。

## 一、计算机应用能力

电脑已成为人们工作生活中的一部分，因此，掌握电脑设计与应用能力也是物业客服人员所应该具备的。目前，企业办公都已经进入无纸化操作状态，在平时工作中使用一些常用的办公软件、绘图软件，可以大大提高工作质量和工作效率。

作为物业客服人员，对所有的工作的开展，都离不开计算机，它们都有相应的台账，在工作中，需要及时的更改业主（用户）的资料和信息，对于物业费、水电费的收缴等，都离不开电脑的操作，首先在电脑里面，它具有一定的系统性，同时，它更便于工作的开展。

比如，有位业主要来查询一下他家里的物业费有多久没交了，只要建立好小区业主物业费的台账，一查询便知。省略了许多烦琐的过程。

如今，通过网络、电子邮件也能使物业与业主（用户）的沟通更为便捷，能及时了解业主（用户）的反馈与意见，也能掌握最新物业行业动态。特别是对领导层人员，具备此项能力就显得尤为重要，基本的办公软件包括：Word、Excel、PowerPoint 等。

## 二、心理承受能力

在物业管理的过程中，管理对象是人，同时又靠人去服务，物业管理可以称作是"人的管理"。物业客服人员在服务过程中，涉及方方面面，会遇到各种各样的人和事。接触的人也包括各种性格、职业、阶层。面对不同文化背景和素质修养的人，所遇到的问题是各式各样的。这些就需要客服人员做好相关协调工作，如果心理素质不好，可能就难以很好地完成工作。

物业客服人员在工作中，经常被他人误会或误解。在遇到这些比较复杂的情况下，能够控制自己的能力即是自控能力，也叫心理承受能力。能够表现得自信、自强、不畏惧，在遇到挫折时仍不动摇，不泄气，始终一往直前，就必须要有很好的心理承受能力，能够忍辱负重。

客服人员在物业服务中被业主（用户）误解，是很正常也是经常发生的，这时往往个人会感到承受了很大委屈。遇到这种情况时，客服人员要学会克制自己，做到如图1-13所示的四点。

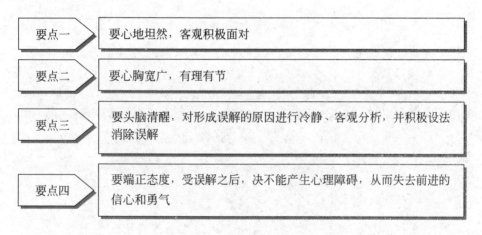

**图1-13　克制自己的要点**

要点一　要心地坦然，客观积极面对

要点二　要心胸宽广，有理有节

要点三　要头脑清醒，对形成误解的原因进行冷静、客观分析，并积极设法消除误解

要点四　要端正态度，受误解之后，决不能产生心理障碍，从而失去前进的信心和勇气

## 三、应变能力

所谓应变力，是指对一些突发事件的有效处理的能力。

物业管理行业在国发展时间不长，诸多方面需要进一步规范，相关政策法规不够完善，一旦发生安全突发事件，造成损失，其责任往往要由物业管理公司来承担。所以一旦小区内有突发事件，工作人员必须在第一时间内做出正确的反应，将事件的危害性降到最低。而面对突发事件做出正确反应不是件容易的事情，需要工作人员做到不慌乱、不出错、从容应对。

作为客服人员，每天都面对着不同的客户，很多时候业主（用户）会给你带来一些真正的挑战。特别是在处理一些业主（用户）恶性投诉的时候，要做到处变不惊。

---

**📋 知识拓展**

## 提高应变能力的技巧

### 1.善于观察

想要让自己快速反应，首先要培养自己善于观察的能力。包括对身边环境的敏锐观察力，对人情绪的观察力，以及对对方需求的观察力。

### 2.冷静分析，平和应对

遇到突发情况，最不能要的就是慌乱和急躁，要先深呼吸，强迫自己冷静下来。尽量心态平和地找出问题的原因，以及可能会产生的后果。冷静平和，这样才会有一个好的判断力，才能迅速想出应对的方法。

### 3.培养自己快速反应、思考的能力

多做一些快速联想的练习，比如，通过某个东西快速想到另外一个东西。经常对一件刚发生的事情，快速说出自己的三个观点。平时多参加一些有挑战性的活动和游戏。

### 4.做好预案

平时做事的时候，要对一些可能发生的事情，提前想好应对方法，如果发生了怎么样，即使这件事情发生的概率都很低，也要让自己有所防范，这样等到事情发生的时候，你才能更加从容不迫，快速应对。

### 5.多经历，多迎接挑战

经历得多了，对于很多事情有了经验，到了后面就自然条件反射般的快速反应出来了。

**6.提升自己的能力和知识领域**

平时加强学习，不断提升自己的相关知识面，让你的脑子里有东西可以说，有东西可以用。

**7.扩大自己的社交范围**

不要让自己一直呆在一个固有的小圈子里，多参加一些社团，多参加一些活动，多交一些各行各业的新朋友。这样才会遇到各种各样的问题，也会遇到各种各样的人，而经过多次的解决这些问题，我们的应变能力也会不断得到提升。

**8.练习说话的技巧**

在公众场合有机会就多发言，锻炼自己，刚开始可以说的简短一些，等到你能力提升的时候，可以尝试说更多的话，说话会带动你的思考。

说话前一定要先快速的理清思路，然后再去表达，遇到问题，心理要有一个底稿，这样才不至于让自己的思想跑偏。

## 四、语言表达能力

物业工作人员大多时间是与外部沟通的，所以对于语言表达能力有较高要求。物业客服人员主要是与人打交道。在物业服务中需要与业主（用户）打交道，需要与内部各管理人员打交道，也需要与各个相关部门打交道。在这个过程中，如何沟通感情、传授知识、总结经验，如何准确地传递信息，如何交流思想，主要是靠语言来表达。有效的语言表达要求客服人员思维敏捷、逻辑性强，并善于表达自己的意图。

有时客服人员还要妥善处理、调解因文化背景的不同或其他问题而引起的各种各样的矛盾和争论。而且在语言表达的同时，如何使用沟通技巧也非常重要，要通过与业主（用户）的有效沟通来达到事半功倍的效果。因此，较强的语言表达能力，不仅有助于准确、清晰地阐明自己的观点、立场和态度，使人易于理解和接受，而且也有利于协调与业主（用户）之间的关系，正确处理各种矛盾。

出色的表达能力和沟通能力具有鼓舞力、号召力，提出的主张令人信服。正因为其如此重要，所以客服人员应具备这种能力。但语言表达能力不都是先天赋予的，还要靠后天的学习和锻炼来提高。这就需要客服人员在平日的工作中不断地锻炼和提高，可以在平时的工作中有意识地培养自己的思维能力，因为语言是思维的反映，思维是语言的基础。另外，要注意积累广博知识，要言之有物就要广泛涉猎各方面知识。

## 五、沟通协调能力

有效的沟通、协调可以使工作中的各项矛盾大事化小，小事化了。巧用沟通是与业主（用户）建立融洽的关系，做好物业服务工作的基本功。

📁 **案例赏析**

### 业主家中漏水，客服经理该如何处理

某业主家中卫生间漏水至楼下。经客服中心鉴定确认，需要在该业主家中重新做防水处理。

经过物业助理多次协调，该业主仍不愿意配合维修。同时表示，如果要在家中维修，需要交纳3万元的保证金，并按照500元/天的标准赔偿维修期间的损失，还需解决上厕所、洗澡等生活问题。

作为客服经理，该如何协调处理此事？

【点评】

遇到此类问题，要分析业主提出的要求是否有合理性，不要一味地去否定业主的诉求（如本案例中，业主要求交纳保证金的要求明显是不合理的，应当予以拒绝，但业主要求上厕所、洗澡的要求也是合情合理的，就需要予以关注和解决）。

1.在保修期内的处理方法

如果在保修期内，作为开发商下属的物业公司，要学会分析业主的心理。有几种可能性：

（1）业主坚决不同意维修，所以开出天价条件来让物业自动放弃协调；

（2）业主对开发商和物业有积怨、有情绪，对物业一直以来的服务不认可；

（3）业主想借机谋取经济补偿等利益；

（4）业主生活上确实有困难。

采取的措施是：

（1）疏导情绪，消除对立。先解决业主情绪上的冲突，心平气和地和业主交朋友。

（2）寻找关注点，摆出诚意。如果业主以往对卫生、服务、维修等有意见的，耐心听取业主的意见，并做出改进。业主在维修期间生活有困难的，想办法解决业主洗澡，上厕所的问题。

（3）介绍关于维保修的法律法规。开发商具有保修义务，但其他的附件条件没有法律条款支持，打消其趁机谋取利益的企图。

（4）多做工作，以情感人。受害方是楼下业主，争取让双方业主建立邻里关系，让楼上业主能够考虑到楼下业主的感受。

（5）旁敲侧击，迂回战术。当楼上业主的家庭成员中某一个人坚决不配合的时候，可以从其夫妻、老人等家人开始做工作。

（6）适当妥协。可以采用转扣施工单位质保金（500元/天的补偿费可以和业主协商能否降低标准，然后转扣原施工单位的质保金）、提供vip增值服务、提供月保车位等手段，弥补业主损失。此种手段的采取必须征得有审批权限的最高领导的同意，禁止私下操作。

（7）注意保留整个协调过程中的证据，每次上门协调的过程都要有书面的记录，最好要相关业主签字确认。表明物业协调维修的诚意，以免业主通过法律手段维权时，开发商和物业承担不必要的责任。

2.不在保修期的处理方法

如果不在保修期，那么，这个漏水问题本质上是楼上楼下业主双方的问题，物业公司只是起居中协调的作用。操作要点是：

（1）中立的身份。不能偏向某一方的业主，让另一方感到物业是跟对方一伙的。

（2）积极的协调。向楼上业主介绍楼下业主的困难，向楼下业主介绍楼上业主的顾虑，安排双方见面直接沟通，并提供法律法规和防水补漏等专业信息方面的技术信息，供双方业主参考决策。

（3）当双方关系闹僵，楼上坚决不同意维修时，参考在质保期内的物业公司处理方法，多做工作，多次上门，以楼上业主全体家庭成员为工作对象，定期向楼下业主通报我们上门的次数，是否有进展等。必要时，请街道办、居委会出面进行调解，以挂号信的形式向楼上业主发出书面的"整改通知书"。

（4）注意保留整个协调过程中的证据，每次上门协调的过程都要有书面的记录，最好要相关业主签字确认。表明物业公司协调维修的诚意，证明物业公司是"有作为"的，以免业主通过法律手段维权时，开发商和物业承担不必要的责任。

✘ 学习回顾

1.客服人员在面容修饰方面要注意什么？

2.客服人员制服穿着有什么要求？

3.客服人员如何注意自己的举止？

4."微笑三结合"是什么意思？如何做到"微笑三结合"。

5.客服人员言谈的基本要求是什么？

6.客服人员为什么要有一定心理承受能力？遇到委屈如何克制自己？

✎ 学习笔记

_____

_____

_____

_____

_____

_____

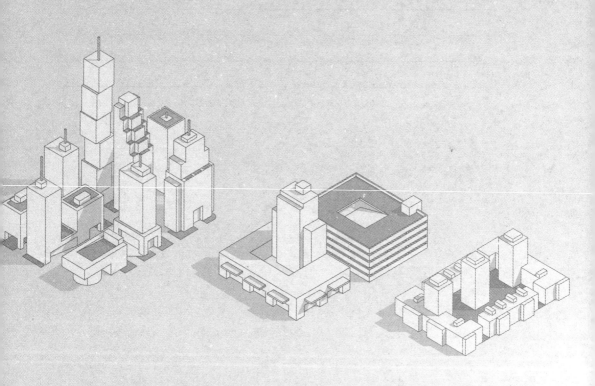

# 第二章
## Chapter two

# 客服人员的沟通能力

🎯 **本章学习目标**

1. 掌握沟通的三部曲。
2. 掌握不同沟通渠道的沟通礼仪和技巧。
3. 掌握各类客服文书的写作要求。

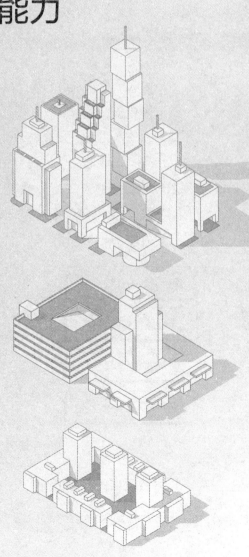

# 第一节 沟通三部曲

客服人员是物业管理企业的基石，直接反映了物业管理企业在业主（用户）心中的第一形象，因此客服人员的沟通能力至关重要。对此，客服人员需牢记沟通中的三部曲，即"倾听""反馈""回复"。

## 一、耐心倾听

耐心倾听是客服人员的第一要领。

收取物业费、接待业主（用户）的投诉是客服部的第一职责。因为开始并不知道业主（用户）拒交物业费或者投诉是否合理，所以，应该耐心地听业主（用户）把话说完。无论业主（用户）话语是否合理，作为客服人员都必须以理性思维的方式耐心倾听、询问，千万不要凭借经验随便打断业主（用户）的话，更不能急于说明或辩解甚至推脱责任。

那如何做到有效地倾听呢？技巧如图2-1所示。

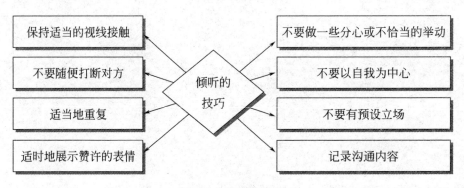

图2-1 倾听的技巧

### 1.保持适当的视线接触

在倾听时要保持适当的视线接触，目光对视是对别人的基本尊重。有的人说话的时候，喜欢看着没人的地方，虽然他的本意不是轻视对方，但给别人的感觉就是不舒服。别人说话时，你不仅要用耳朵去倾听，更要用目光去关注，才能鼓励别人敞开心扉，才能说出能够打动对方的话语。

### 2.不要随便打断对方

在倾听的过程中，注意不要随便打断对方，你应该让对方将想表达的意思说完整以后，再表达自己的想法。如果别人说一句话，甚至一句话未完，你就开始讲述自己的观点，老是这样的话，这就已经不是倾听，而是讨论甚至是争论了。

在交流时不注意倾听，结果会产生误会甚至曲解。所以，客服人员在听人说话时应该做到：听话不要只听一半。还有，不要把自己的意思，投射到别人所说的话里面。

### 3.适当地重复

听别人说话时，听完之后最好是将对方所说的话进行简单的概括，并且复述给对方听，以显示出你在用心听别人说话，而且还在和他一起思考，这样做会让对方感觉找到了知音，达到了一种共鸣。

**❓ 小提示**

适当地重复只是概括对方说话的内容并且简要复述，这是一种确认，而非否定对方的思想，应该尽量避免出现太多的否定词，不管别人的观点是否通情理。

### 4.适时地展示赞许的表情

与人交流沟通时不仅仅需要听对方谈话，有时还要根据对方讲话的内容适时表现自己的赞许或者意见。但是在对方讲话时又不适合打断对方，这时面部表情很重要。在倾听对方谈话时适当展示赞许的表情不仅能表现自己的观点，还能鼓励对方说下去。这样更有利于沟通的进行。

### 5.不要做一些分心或不恰当的举动

客服人员在与人沟通时要全身心地投入，特别是接待业主（用户）投诉时，更需要打起十二分的精神。所以，在倾听时不要做一些分心或者不恰当的举动。交流时分心或者不恰当的举动不仅会影响对方的说话，还会直接影响自己的职业素养和公司的形象。

### 6.不要以自我为中心

在良好的沟通要素中，话语占7%，音调占38%，而55%则完全是非语言的信号。通常，人们在沟通时，会在不知不觉中被自己的想法缠住，而漏失别人透露的语言和非语言。所以，沟通时千万不要以自我为中心，让自己成为沟通有效倾听的最大障碍。

### 7.不要有预设立场

如果你一开始就认定对方很无趣，你就会不断从对话中设法验证你的观点，结果你所听到的，都会是无趣的。

### 8.记录沟通内容

在仔细倾听业主（用户）说话的同时，还要认真做好记录，尽可能写得详细点、具体点。因为做好记录，不仅可以使业主讲话的速度由快减慢，缓冲其激动而不平的心情，这还是一种让业主感到安慰的方式。当听完以及记录完业主的内容之后，客服人员应对业主所投诉的内容以及所要求解决的问题复述一遍，看看是否搞清楚了业主所谈问题所在，以便进一步进行处理解决。

> **❓ 小提示**
>
> 掌握适当的倾听技巧，无论从心理上，还是在解决问题的实际操作中，对我们处理业主（用户）的意见都是有益的。

### 📁 案例赏析

# 物业管理员不分缘由制止
# 业主装修带来的麻烦

业主向管理处客服中心投诉：楼上晚上还在装修，巨大的冲击钻声影响休息，希望管理处予以制止。

管理员接到电话后，立即到某楼某室，原来该业主正在打孔装管道，便不容置疑地说："请您停止装修，请明天在规定的时间再施工。"

男业主看管理员的语气和神态是那样的坚决，不容商量，只好说：那好吧，我们停下来。

第二天上班管理员一走进办公室，就见某室的女业主正对管理处主任大发脾气。原来该业主家管道坏了要换，管理处跟承建单位联系了很久，昨天晚上好不容易请来工人，快完工时，被管理员给制止了。这下可好，又要再去联系，也不知道人家什么时候有时间来，一拖再拖的业主能没意见吗？

小刘知道事情原委后非常后悔，自己办事太轻率，执行规定太机械，如果当时能够耐心听取业主的解释，再根据实际情况灵活处理，就不会给业主和管理处的工作带来这么大的麻烦……

如果管理员能耐心了解情况，并协助该业主向投诉的业主说明情况，做好解释工作，取得其他业主的谅解，就不会出现本案例的情形。物业管理是一项细致的工作，一个不小心就会造成严重的后果，无论业主的做法是否违规，都要耐心地听取业主的解释，了解事情的前因后果，具体情况具体分析，不能教条、简单地从一而论。

## 二、快速反馈

快速反馈是客服人员与业主（用户）沟通的重要环节。

客服人员在受理了业主（用户）的有效投诉或意见之后，便进入了处理该问题的关键环节。客服人员应迅速将相关信息进行归类，分清应该由哪个部门负责解决，并将信息反馈给部门负责人，提醒他们及时解决。这一环节看起来简单，实际上需要客服人员有较全面的综合知识和极强的责任心。

有些客服人员也会因为工作繁杂而出现漏单、报错单的现象，而这也是引起业主（用户）对物业管理企业产生不满情绪的主要原因，所以，必须引起高度重视，这需要客服人员在工作中不断地积累经验，完善记录，提高处理问题的熟练程度。

## 三、落实回复

落实回复是获得业主（用户）满意度的最佳手段。

客服人员将问题反映给具体部门后绝对不能置之不理，而应该时刻关注问题的处理情况，并在当天下班之前通过电话对业主（用户）进行回复，了解职能部门对业主（用户）意见的处理结果以及满意率。并根据业主（用户）反馈的意见进行总结。换位思考，如果我们是业主（用户），反映问题以后能接到管理处的反馈电话，即使问题并未得到解决，但我们的心理上也会接受的。反之，如果投诉之后杳无音讯，试想谁会不生气？应该注意的是，对业主（用户）的投诉进行回访时，客服人员必须做到一对一的回访。

# 第二节　多渠道沟通

对于客服人员来说，与业主（用户）沟通的渠道是多样的，有时是电话沟通，有时是文字沟通，有时是面对面的沟通。不同的沟通渠道，其应对技巧也不一样。

## 一、电话沟通

一个人接听拨打电话的沟通技巧是否高明，常常会影响到他是否能顺利达成本次沟通的目标，甚至也会直接影响到企业、公司的对外形象。因此，客服人员应多动脑筋，千方百计让对方从声音中感受到你的热情友好。而要想给对方留下诚实可信的良好印象，学习和掌握基本的电话沟通技巧和办公室电话礼仪是很有必要的。

### 1.拨打电话礼仪

拨打电话的人是发话人，是主动的一方，而接听电话的一方是受话人，是被动的一方。因而在整个通话过程中，拨打电话的人起着支配作用，一定要积极塑造自己完美的电话形象。

在打电话时，必须把握住通话的时间、内容和分寸，使得通话时间适宜、内容精练、表现有礼，具体要求如图2-2所示。

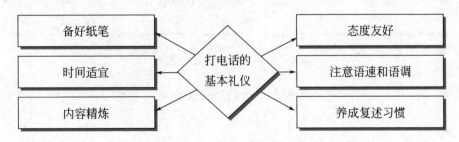

图2-2　打电话的基本礼仪

（1）备好纸笔。电话机旁应备记事本（如报修记录、投诉记录）和中性笔，当他人打来电话时，就可立刻记录主要事项。如不预先备好纸、笔，到时候措手不及、东抓西找，不仅耽误时间，而且会搞得自己狼狈不堪。

（2）时间适宜。把握好通话时机和通话时长，既能使通话更富有成效，显示通话人的干练，同时也显示了对通话对象的尊重。反之，如果莽撞地在受话人不便的时间通话，就会造成尴尬的局面，非常不利于双方关系的发展。如果把握不好通话时长，谈话过于冗长，也会引起对方的负面情绪。

打电话的时间要考虑到对方是否方便，最好在早上八点后及晚上十点前，中午一、二点钟时最好也不要打电话。注意不选周一上午上班的前两个小时，不选周末、周五下班前。打电话时间一般不要超过三分钟，如果需要长谈，可以约定时间面谈或者是先询问对方是否方便。

（3）内容精练。打电话时忌讳通话内容不着要领、语言啰嗦、思维混乱，这样很容易引起受话人的反感。通话内容精练简洁是对通话人的基本要求，具体做法如图2-3所示。

| 预先准备 | 简洁明了 |
| --- | --- |
| 在拨打电话之前，对自己想要说的事情做到心中有数，尽量梳理出清晰的顺序。做好这样的准备后，在通话时就不会出现颠三倒四、现说现想、丢三落四的现象了，同时也会给受话人留下高素质的好印象 | 电话接通后，发话人对受话人的讲话要务实，在简单的问候之后，开宗明义，直奔主题，不要讲空话、废话，不要啰嗦、重复，更不要偏离话题，节外生枝或者没话找话。在通话时，最忌讳发话人东拉西扯、思路不清，或者一厢情愿地认为受话人有时间陪自己聊天，共煲"电话粥" |

图2-3 通话精练简洁的做法

（4）态度友好。有人认为，电话只是传播声音，打电话时完全可以不注意姿势、表情，这种看法真是大错特错。双方的诚实恳切，都饱含于说话声中。若声调不准就不易听清楚，甚至还会听错。因此，讲话时必须抬头挺胸，伸直脊背。

"言为心声"，态度的好坏，都会表现在语言之中。如果道歉时不低下头，歉意便不能伴随言语传达给对方。同理，表情亦包含在声音中。打电话表情麻木时，其声音也是冷冰冰的。因此，打电话也应微笑着讲话。

（5）注意语速和语调。急性子的人听慢话，会觉得断断续续，有气无力，颇为难受；慢吞吞的人听快语，会感到焦躁心烦；年龄高的长者，听快言快语，难以充分理解其意。因此，讲话速度通常应不急不缓，同时应视对方情况，灵活掌握语速，随机应变。

打电话时，适当地提高声调显得富有朝气、明快清脆。人们在看不到对方的情况下，大多凭第一听觉形成初步印象。因此，讲话时有意识地适度提高声调，声音会格外悦耳优美。

（6）养成复述习惯。为了防止听错电话内容，一定要当场复述。特别是同音不同义的词语及日期、时间、电话号码等数字内容，务必养成听后立刻复述、予以确认的良好习惯。文字不同，一看便知，但读音相同或极其相近的词语，通电话时却常常容易搞错。

因此，对容易混淆、难于分辨的这些词语要加倍注意，放慢速度，逐字清晰地发音。如1和7、4和10等，为了避免发生音同字不同或义不同的错误，听到与数字有关的内容后，请务必马上复述，予以确认。当说到日期时，不妨加上星期几，以保证准确无误。

## 2.接听电话的礼仪和技巧

接听电话的人虽然处于被动的位置，但是，也不能在礼仪规范上有所松懈。拨打电话过来的人可能是你的上级，可能是业主（用户），也有可能是公司同事，还可能是管辖地的工作人员，因此，受话人在接听电话时，要注意有礼和得体，不能随随便便。

当本人接听打给自己的电话时，应注意及时接听并谦和应对，无论对方地位尊卑，都要待人以礼，具体要求如图2-4所示。

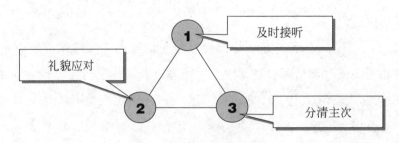

图2-4 接电话的基本礼仪

（1）及时接听。接电话的时间以电话铃响第三声为宜，如果是响第一声就接或者是响铃的间隙去接都会让对方觉得突兀；如果是铃响过三声之后还没有人接电话会让对方觉得要么你们在忙，要么就是你们公司的管理比较混乱，员工懒散到连电话都不接，不重视客户，这样的结果都是会影响到个人或者公司的形象。

（2）礼貌应对。接电话时第一声要先向对方问好，可以说："您好，您找哪位？"不能一开始就说"喂，喂"或者是说"你是谁啊，你找谁"，这样会让人觉得你很没有礼貌，很不欢迎他打的这个电话。

（3）分清主次。电话铃声一旦响起，接电话就成为最紧急的事情，其他事情都可以先放一边。接听电话时，不要再与旁人交谈或者看文件、吃东西、看电视、听广播等。即使是电话铃声响起的时候你忙着别的事，在接听电话时也不要向打电话来的人说电话来得不是时候。

有时候确实有无法分身的情况，比如自己正在接待来访的业主（用户）或者在会议中间，不宜与来电话的人深谈，此时可以向来电话的人简单说明原因，表示歉意，并主动约一个具体的双方都方便的时间，由自己主动打电话过去。一般来说，在这种情况下，不应让对方再打过来一次，而应由自己主动打过去。约好了下次通话的时间，就要遵守约定，按时打过去，并向对方再次表示歉意。

如果在接听电话的时候，适逢另一个电话打了进来，切忌中断通话，而要向来电话的人说明原因，要他不要挂断电话，稍等片刻。去接另一个电话的时候，接通之后也要请对方稍候片刻或者请他过一会儿再打进来，或者自己过一会儿再打过去。等对方理解之后，再继续方才正接听的电话。

💼 **案例赏析**

## 接待员礼貌耐心地接待业主咨询

某日，业主沈先生来到某物业服务中心，接待员小刘立刻起身以站姿迎客，并微笑着请对方在对面座位就座，倒了杯水放在周先生面前说："您请喝水。"周先生随即说明来意。在了解到周先生是咨询有关物业管理费构成和支出方面的问题后，小刘为了能够准确答复，有理有据，遂找出"物业管理条例、物业服务费用测算表"等相关材料，向周先生出示并解释。在小刘与沈先生交谈沟通时，服务中心门外又来一位先生，小刘立即对沈先生说了句："对不起，您请稍等"后，起身迎客。

在获知来人李先生需办理装修管理相关事宜时，为了不耽误两位客人的时间，在请两位来宾稍等片刻的同时，立即向物业服务中心主管说明情况并请求帮助接待。返回接待台，即对李先生说："实在不好意思，我现在正在接待沈先生，我请中心主管和您谈好吗？"李先生欣然接受，小刘随即引导其来到主管座位前，请其入座后，回到接待台后继续回答沈先生的问题。

在接待业主来访时，工作人员首先要注意礼仪礼节，尤其是最基本的礼仪一定要按标准操作，这与平时的培训和不断的实践是分不开的。另外，第一时间接待业主也是关键，要让业主在到达服务中心的第一时间就受到关注，保持轻松愉快的心情，避免节外生枝，使问题复杂化。最后，当业主简单说明咨询内容后，接待人员应快速判断自己能否准确解答，如果存在困难，则应向其他工作人员请求支援或查阅相关文件资料，尽可能让业主得到满意的答复。

【点评】

在答复业主咨询过程中，有时会突然产生新的情况而打断接待，如本案例中又有一位业主需要接待。在此情况下，接待人员应立即判断两项工作中是否有一项可在非常短时间内完成，如果可以，则让另一位来访者稍等，先处理简单事务；如果发现两项事务都无法很快处理完，则应该请求其他工作人员的支援，协助接待工作，这样可提高工作效率，节约业主时间，同时避免使业主有受冷落的感觉，产生不满情绪。

### 3.接听电话的程序与要求

客服人员接听电话的程序为：表明身份、表明目的、称呼姓名、仔细聆听、做好记录、重复、道谢/告别，具体如表2-1所示。

表2-1 电话接听的程序与要求

| 顺序 | 程序 | 规范及要求 |
| --- | --- | --- |
| 1 | 铃响，拿起话筒 | （1）接听电话以前必须准备好记录用的纸和笔<br>（2）迅速调整情绪，保持一个愉悦的心情<br>（3）电话铃响三声以前必须接听；因特别原因超过三次之后才接听电话，应马上致歉："对不起，让您久等了！" |
| 2 | 首先说明自己的身份，并主动征询客人打电话的目的 | （1）"您好，××客户服务中心，有什么可以帮到您吗？（请问您有什么事？）"<br>（2）对于"您好"，可根据实际情况用"早上好、下午好、晚上好、新年好、节日快乐"等词语代替<br>（3）加强对这一句话的语感训练，使声音听起来自然、流畅、清晰、柔和、富于感情 |
| 3 | 交谈 | （1）当听清对方打电话的目的后，要准确迅速地判断对方电话内容是属于哪一方面的<br>（2）在交谈的同时做好交谈内容的记录<br>（3）在交谈过程中如需要暂时中断谈话，应说："对不起、请稍候、请稍等一下、请稍候半分钟、我接个电话"；当继续谈话时："对不起，让您久等了"，但要切记，不能让正在交谈的客人等候1分钟以上 |

续表

| 顺序 | 程序 | 规范及要求 |
|---|---|---|
| 4 | 记录 | （1）如果是属于投诉、建议、请修、不能马上回答的咨询、需请示才能处理的谈话以及重要的来电，要记录好对方的姓名或姓氏、联系方式、地址、内容及要求<br>（2）如果是找同事的："这里是客户服务中心，请您拨打××这个号码可以找到××先生"；如果同事不在的："他现在不在，您是否需要留下口讯或电话号码？待他一回来，我就通知他。"然后记录下内容并转交给同事 |
| 5 | 结束交谈 | （1）重复你所记录的内容，并获得对方的确认："……是这样的吗？"及时修正所记录的内容，并再一次重复，直到它完整地表现客人的意愿<br>（2）让对方放心："我会尽快处理、我会尽快把这件事向上级汇报……"<br>（3）感谢对方的来电："谢谢您的电话、谢谢您对我们的信任（希望再次接到您的电话）、谢谢您及时地通知我、谢谢您的建议……"<br>（4）收线："愿您周末愉快！（再次祝您节日快乐！）再见。" |

### 4.挂断电话礼仪

要结束通话时一般要由打电话者提出，在要说的内容说完之后或者是对方已经不耐烦时应该主动提出结束通话。在挂电话时不能直接"哐"的一声将话筒扔在话机上，要注意等对方挂断电话之后再挂电话。

结束通话后不要马上说对方的坏话，这样会让人觉得虚伪。甚至有时候电话并没有完全挂上，这样的坏话会直接被对方听到。

❓ **小提示**

拨通电话后应该自报家门同时还要确定一下对方是不是自己要找的人，如果要找的人不在，可以请接电话的人转告。并要记得在结束时向别人道谢。

# 二、微信沟通

在互联网的不断冲击下，传统的物业管理模式正在不断地发生各种各样的变化。据了解，现在很多物业管理企业，都在用微信和小区业主（用户）进行沟通。

## 1.微信群沟通

信息时代发展，人与人的联系方式方法从单一的短信、电话，发展到现在多元的QQ、微信、微信群等。现在很多物业管理企业都建立了业主（用户）微信群，客服人员在群里为大家提供物业咨询服务，居民还可以在群里进行物业报修，大家在群里互动交流，彼此了解，不仅物业工作人员和业主（用户）的关系被拉近了，业主（用户）之间的邻里关系也变得更加和睦。

客服人员使用微信群沟通时要注意如图2-5所示的事项。

|  |  |
| --- | --- |
| 事项一 | 要尽量及时回复对方，如果无法及时回复也要向对方解释一下原因。比如，你需要查询一下信息才能回答对方的问题，那么最好先回复一下"您稍等，我需要查询一下" |
| 事项二 | 信息完整地发送，一段完整的话要一次性发送。人类的阅读是片段式的，如果一句句地看，不但效率低，也容易找不到重点，还容易被其他人的话打断成几截。当然一段也别超过200个字，否则看起来会很累 |
| 事项三 | 重要的消息请打草稿，至少不要有错别字。微信沟通更类似书面沟通，太过口语化、错别字满屏，会降低沟通效率 |
| 事项四 | 少发语音，除非你实在时间紧迫，或不方便打字，但需事前说明。这是由于连续很长的语音，会降低对方与其交流的欲望。从另一个角度来讲，语音在有些场合不方便听，并且也没有办法转发，这会给工作的交流带来不便 |

图2-5 使用微信工作群的注意事项

### 2.微信公众号沟通

如今，为了实现线上线下一体化服务，全面提高服务质量，拓展物业的增值服务，很多物业管理企业相继开通了微信公众号。业主（用户）可以通过微信公众号随时随地了解物业服务和社区生活资讯。客服人员可以对社区住户的在线询问信息、反馈投诉与建议，给予一对一的回复，及时解决用户问题，从而提升服务质量和用户满意。

一般来说，客服人员通过公众号平台与业主（用户）沟通应注意如图2-6所示的事项。

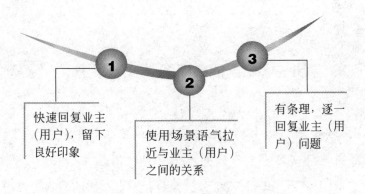

**图2-6　公众号沟通的注意事项**

（1）快速回复业主（用户），留下良好的印象。对在线客服的服务人员来说，回复业主（用户）是有黄金时间的，如果没有在黄金时间内回复，就会让业主（用户）感到不耐烦，从而对物业管理企业产生不信任。由此可见，快速回复对于在线客服而言是相当重要的，只有在较短的时间内回复业主（用户）才能赢得对方的信任。

（2）使用场景语气拉近与业主（用户）之间的关系。当有业主（用户）在线咨询时，说明这个业主（用户）一定会有需求，而针对不同的业主（用户）肯定有不同的需求，这就需要在线客服人员能够快速判断业主（用户）信息，理解业主（用户）真实需求，迅速为业主（用户）提供解决方案并帮助客户解决问题，展现优秀的专业素养。

当面对不是特别紧急、想要了解更多信息的业主（用户）时，应该耐心地解答业主（用户）问题，多使用场景语气词拉近双方的关系。

（3）有条理，逐一回复业主（用户）问题。一般情况下，在线客服人员在进行服务时，当下时间可能会服务多个业主（用户），而有的业主（用户）就会比较焦急，希望能第一时间得到客服人员的回复。这个时间，在线客服人员千万不可表现出不耐烦情绪，而是应该尽量安慰业主（用户），耐心地为业主（用户）一一解答，逐条解答更有条理性，方便实现高效沟通。

### 知识拓展

#### 业主微信群的负面舆情怎么应对？

网络媒介具有开放、自由、虚拟、匿名、即时、便捷、去中心、弱关系、少约束、低成本的特点，这些特点在微信群中表现得尤为明显。业主微信群里的话题有着很强的不确定性，但通常业主会"吐槽"物业管理企业。如果"吐槽"属于善意的提醒、客观的批评，相信绝大多数物业管理企业还是乐见的。然而，有相当一部分言论是以偏概全、捕风捉影、添油加醋、夸大其词的发泄、指责、嘲讽、抹黑、甚至诋毁。对于这种非理性的偏激舆情，许多物业人都感到如鲠在喉，愤愤不平。

尽管如此偏激的业主群友屈指可数，却不能小觑其能量。他们极端化的表达、交互式的演绎，加上真假难辨的图文、嬉笑怒骂的话术，很对时下受众的胃口，容易产生几何级裂变，出现涟漪效应、破窗效应，侵蚀、污化、颠覆物业管理企业在业主心目中的形象。物业管理企业若仅仅抱着清者自清、浊者自浊的态度，无动于衷，有朝一日就会尝到苦果。

针对以上情况，如何解决？

**1.应当建立应对负面舆情的工作机制**

物业管理企业主要领导要特别重视应对业主负面舆情的工作，组织建立起一整套负面舆情的搜集汇报、分析判研、引导化解、跟踪反馈制度。其中指定人员进入业主微信群，掌握第一手资料尤为重要。需要提醒的是，在那些对物业具有抗性的群里指定人员需保持蛰伏，不然很容易被"踢"出来。

**2.应当加快应对负面舆情的反应速度**

物业管理企业要把应对负面舆情工作放在各项工作的优先位置，按照"及时、及时、再及时"的原则，在第一时间采取有效的应对措施。争取抢在负面舆情尚未蔓延、尚未发酵、尚未形成舆论焦点和狂潮之前，匡正视听，消弭误解，修复形象，把舆论引导到充满正能量的轨道和氛围。

**3.应当把握应对负面舆情的发声基调**

物业管理企业要摆正自己的位置和姿态，主动、大胆发声，以真诚负责的态度和敢于担当的勇气，实事求是地厘清和还原引发负面舆情的事实真相。不掩饰、不纠缠、不指责、不训斥，不计较对方的只言片语，避免走向情绪激化、情感对立，而应靠事实、道理、逻辑的力量化解舆论风险。

**4.应当巧用应对负面舆论的各种管道**

物业管理企业要针对负面舆情的性质和意见领袖的特点，以自己信誉损失和相互情感创伤的最小代价，来选择自己发声的方式。可以直接澄清，也可以间接说明；可以自己出面陈述，也可以组织理性、公正的其他业主回应；可以在业主微信群中表达，也可以利用其他传播渠道和手段以正视听。

5.建立公关小组

因为业主群内的诉求随时可以变成群诉事件，公关小组应定期总结群内业主问题，制定相应的公关程序和标准回复。

# 三、文字沟通

文字沟通是通过文字表达的方式给对方传递信息。小区物业事务繁杂，为将小区的重要信息及时传达给小区的业主（用户），物业服务企业应充分利用文字沟通这个有效的基础性沟通方式，及时、清晰地把重要的小区信息通知业主（用户）；涉及小区生活的重要事项更应在第一时间、及时准确地告知全体业主（用户）。

比如，小区停水、停电通知，设施维修前的通知，以及安全防范宣传、生活小常识、温馨提示等物业事务及信息，以通知、告示等文书形式传达。

对此，客服人员应掌握各类文书的写作要求。

## 1.通知的写作要领

通知属于一般性的日常公告，也是使用最多的一种公告形式。通知的内容大致包括收缴费用、停水停电、办理各类手续、公共场地消杀、清洗外墙、公共设施改造等。

（1）为业主（用户）带来不便的工作通知。对于停电停水、清洗外墙、公共设施改造、公共场地消杀等事务发布通知时，在标题中最好标明主题内容，以引起业主（用户）的注意；正文要写明原因、具体起止时间、注意事项、咨询电话等，在表达比较重要的事项时可用区别于其他文字的特殊字体；由于此类事务会给业主（用户）的生活带来一些不便，所以在通知中需向业主（用户）表示歉意，通常可表述为"不便之处，敬请谅解！"

通知写作格式如表2-2所示。

表2-2　通知写作格式

| 序号 | 项目 | 基本要求 |
| --- | --- | --- |
| 1 | 标题 | 通知，可标明主题，如停水通知 |
| 2 | 首行 | 填写通知要发放到的人员"尊敬的各位业主（用户）："|
| 3 | 正文 | （1）原因<br>（2）具体起止时间<br>（3）注意事项<br>（4）联系电话 |
| 4 | 落款 | 物业管理企业盖章、日期 |

下面提供几份××物业管理企业通知的范本，仅供参考。

▌ **范本**

## 清洗外墙通知

尊敬的业主（用户）：

　　为了美化园区，给广大业主（用户）一个干净明亮的生活环境，我司定于____年____月____日起对_____园区各楼体墙面及户外玻璃进行清洗工作。如有给您带来不便之处，敬请谅解！

　　具体清洗安排物业管理处会在单元门内公布栏进行通知，请您近期注意相关通知。在清洗外墙时，请您注意以下事宜：

　　1.在外墙清洗过程中，望各位业主（用户）关好自家窗户及阳台门，以免污水溅入室内影响您的正常生活。

　　2.若您发现有污水溅入室内的现象，请及时致电我公司客户服务中心。

　　3.若您有事在外无法回到室内关闭门窗的，请及时联系管理处。

4.若您对外墙清洗有质疑，请及时致电客户服务中心咨询。

我们将为您提供优质满意的服务。

_____物业管理有限公司

____年____月____日

--------------------------------------------------------

# 文明养犬通知

尊敬的业主（用户）：

近期发现部分养狗的业主（用户）遛狗时没有专人看守，并且在草地上任意拉狗屎，严重破坏了花园美好的居住环境，希望养狗的业主（用户）在遛狗时用绳索牵好，不要让犬只咬伤他人。

据区疾控中心的数字统计，今年1～5月被狗咬伤到区疾病预防控制中心注射狂犬疫苗的人数为1776人，估算平均每天超过11人以上，这个数字仅占犬伤中的65%～70%，还有30%～35%未接受犬伤治疗，数量大大超过去年同期，并超过去年全年数（1600人次），虽然目前没有发生狂犬病死亡事件，但危险让人担忧。

请小区业主（用户）尽快到相关部门办理合法养狗手续，定期进行防疫，对未办理合法手续的犬只，管理处和业主委员会将依法报请犬只管理部门进行处理。

被狗咬伤后的处理应急办法：

1.确定咬人的狗或其他动物已被控制，使伤者不会再有危险。用大量干净水冲洗伤处。不要在伤处涂擦任何软膏或其他类似物。

2.在伤处置一干净软垫并包扎。呼叫医疗救助或将伤者送至医院进行检查并遵医嘱注射抗毒素或服抗感染药。

_____物业管理有限公司

_____管理处

____年____月____日

（2）需业主（用户）协助工作的通知。比如收缴费用、办理各类手续等通知，由于此类事务需要业主（用户）协助，由物业管理企业和业主（用户）共同完成，所以在发布时需注意内容要明确、突出，可在颜色、字体上调整突出重要的部分，最直观地给业主（用户）展示信息。同时应对业主（用户）给予的协助表示感谢，如"特此通知，谢谢大家的合作。"

下面提供几份××物业管理企业通知的范本，仅供参考。

**▌ 范本**

## 出入小区刷卡通知

尊敬的业主（用户）：

接近年关，治安形势比较复杂，为了大家有一个安全文明的居住环境，请大家在出入小区时刷卡进出，并警惕陌生人跟随进入，如果没有办卡的业主（用户）请尽快到管理处办理。

特此通知，谢谢大家的合作！

_____物业管理有限公司

____年____月____日

### 办理业主卡的通知

尊敬的住户：

现本小区已进入装修阶段，进出小区人员日益增多，管理处为加强小区人员进出管理，确保小区的安全和谐，须对小区住户办理业主卡，住户须凭业主卡进出小区。请业主于近期内到管理处办理，谢谢合作！

办理业主卡需带资料：

一、业主及家人：

1寸照片2张，身份证复印件1份。

二、租住户：

租房合同复印件；身份证复印件1份；1寸照片2张。

三、公司员工：

租房合同复印件（限租住户）；公司营业执照复印件1份；公司介绍信；身份证复印件1份；1寸照片2张。

_____物业管理有限公司

____年____月____日

### 2.简讯类公告的写作要领

简讯类公告一般用于发布社区文化活动信息、管理处便民服务信息等。由于社区文化活动、便民服务等需要业主（用户）积极参与，所以，在拟订该类文稿时，从标题到内容都可采用较灵活的形式，如标题可使用"好消息""喜讯"等；版面上可采用艺术字且色彩明艳，内容的语言组织上可以使用具有鼓动性的措辞，让业主（用户）从中感受到发布者的盛情邀请而产生兴趣。

其写作格式如表2-3所示。

表2-3　简讯写作格式

| 序号 | 项目 | 基本要求 |
|---|---|---|
| 1 | 标题 | 好消息、喜讯等 |
| 2 | 首行 | 填写简讯要告知的人员，如"尊敬的各位业主（用户）：" |
| 3 | 正文 | 可灵活多样，可以介绍事情的经过，好消息的达成情况 |
| 4 | 落款 | 物业管理企业盖章、日期 |

下面提供一份××物业管理企业简讯的范本，仅供参考。

■ 范本

## 好消息

————小区全体业主：

近期，备受××小区全体业主所关心、关注的东区××号楼东侧墙外出租楼，在我小区围墙私开小铁门，并推倒围墙，打开通道，欲永久地人、车通行一事。经过××业主委员会、管理处共同努力，与各级政府相关部门联络、沟通。于××月××日将建设办、国土、规划、城管监察大队、信访、居委会、派出所等有关部门权威人员，诚邀到我小区，进行会商。

下午，2:30××业主委员会、管理处和各级政府职能人员、私家楼主共同进行实地、现场测绘勘察。

建设办、国土、规划、城管监察大队依据我××业主委员会提供的，包括法律效力宗地图、红线图、平面图，进行实地测绘，最后裁定：我们所有图纸标志都是合法的、有效的、正确的。

由此，证明××号楼墙面以东10米的距离均是我小区属地，即现有围墙以外还有3.5米也属小区属地。

现场由××规划部门宣布，我们小区维权是合法的、有效的。现由××街道建设办公室下达处理意见，我们将按法定红线图完全封闭。

经过××业主委员会、物业管理处不懈努力，团结合作，几年来，困扰我们××小区全体业主多年的问题，终于尘埃落定。

通过此项维权全过程和满意结果，完全证明：只要业主委员会和管理处团结起来，我们每一项维权行动，都可以有好的结果。

最后，我们提示，广大业主多说有利团结的话，多做有利团结的事，共创和谐小区。

_____物业管理有限公司

_____管理处

____年____月____日

### 3.提示类公告的写作要领

物业管理企业发布的提示类公告，一般用于特殊天气、气候的提示，对节日安全的提示以及对社区内公共设施使用安全的提示等。比如在南方沿海一带城市夏季遇到台风，北方城市冬季遇到降温降雪天气，物业管理企业应时刻注意政府相关部门发布的预告，然后以发布提示的方式提前告知业主（用户），提醒业主（用户）做好各方面的准备。

由于提示的内容通常与业主（用户）切身利益（如人身安全等）有密切的关系，主要是提醒业主（用户）加强注意，所以，客服人员拟稿时在明确提示内容的前提下，语气应偏于温和，要让业主（用户）在收到提示的同时感受到物业管理企业对业主（用户）的关怀及真诚的服务；普遍的做法就是将提示的标题拟为"温馨提示"。其写作格式如表2-4所示。

表2-4　提示写作格式

| 序号 | 项目 | 基本要求 |
|------|------|---------|
| 1 | 标题 | 温馨提示，也可把主题加在温馨提示之前 |
| 2 | 首行 | 填写要提示的人员，如"尊敬的各位业主（用户）："|
| 3 | 正文 | （1）点明提示的主题<br>（2）罗列提醒业主（用户）要注意的事项 |
| 4 | 落款 | 物业管理企业盖章、日期 |

下面提供几份××物业管理企业提示类公告的范本，仅供参考。

### 范本

## 春节温馨提示

尊敬的各位业主（用户）：

新春佳节即将到来，为了能让广大业主（用户）过一个平安、快乐的春节。我们对春节期间燃放烟花爆竹特提以下建议：

为小区安全考虑，物业管理处不赞同业主（用户）在小区内燃放烟花爆竹。为不影响他人的正常生活，请勿在楼栋内、楼顶和自家阳台上燃放烟花爆竹。因为往年在自家燃放烟花爆竹的现象比较多，导致有业主（用户）把别人家的窗户玻璃炸坏。加之小区车辆较多，很容易发生安全事故。如您一定要燃放，建议到空旷的地方并在确保安全的前提下燃放。物业管理处工作人员不介入。

希望您在＿＿＿小区度过一个安全、祥和的新春佳节！＿＿＿＿＿物业管理有限公司全体员工祝您春节快乐！身体健康！阖家幸福！

＿＿＿＿＿物业管理有限公司

＿＿＿年＿＿＿月＿＿＿日

## 关于天气变化的温馨提示

尊敬的业主（住户）：

您好！

近期气温变化较大，请注意服装增减，以防疾病。夏季即将来临，风雨、雷电天气可能会频繁出现，希望各位业主（住户）注意自身身体健康外，对居室中放置在阳台、窗台的杂物，如花盆、晾晒的衣物等妥善放置，避免在刮大风时丢失、砸伤行人或毁坏其他物品，雷电时请注意保护好您家中的电器。在外出时切记检查家中水管、电器、煤气、门窗是否关好，以避免安全隐患。

_____物业管理有限公司

____年____月____日

### 4.通告的写作要领

通告是物业管理企业向业主（用户）发布的较特殊的文书。内容多偏向于对业主（用户）某些行为的管理，其中包括禁止业主（用户）实施某些行为，如禁止在社区内乱发广告、禁止违规装修、禁止破坏公共设施、禁止高空抛物等；还有一些是对物业管理企业即将采取的管理措施的通告，基于以上内容，客服人员在拟订通告文稿时，应特别注意要表达出管理措施的强制性，从文字上引起业主（用户）的关注，达到预期的效果。其写作格式如表2-5所示。

表2-5 通告写作格式

| 序号 | 项目 | 基本要求 |
|---|---|---|
| 1 | 标题 | 通告 |
| 2 | 首行 | 填写通告要告知的人员，如"尊敬的各位业主（用户）：" |

续表

| 序号 | 项目 | 基本要求 |
|------|------|----------|
| 3 | 正文 | 可灵活多样，可以介绍事情的经过，要求业主（用户）知晓、配合的事项 |
| 4 | 落款 | 物业管理企业盖章、日期 |

下面提供几份××物业管理企业通告的范本，仅供参考。

📋 **范本**

### 关于弱电系统改造工程完工的通告

尊敬的各位业主（用户）：

首先感谢您对本物业管理有限公司工作的理解和支持！在物业管理处的积极努力及业主（用户）的大力配合下，弱电系统改造工程已基本完工，现将部分注意事项提示如下：

1.小区出入管理系统和电子巡更系统已于____年____月____日启用。每个楼门栋的黑色小圆点是巡更信息采集点，请业主（用户）不要处于好奇或其他原因破坏。

2.小区门禁出入系统已于____月____日正常启用，为了确保小区门禁系统的正常使用，请积极配合保安出入管理工作，进出小区请自行使用门禁卡。

3.周界电子围栏系统和河道周界电子围栏系统将于即日启用，为了确保您的安全，请不要靠近电子围栏。

小区的安全不仅靠物业的有效管理，还要靠广大业主（用户）的积极配合。希望广大业主（用户）能积极配合物业管理处的日常管理，共同建设美好家园！

_____物业管理有限公司

____年____月____日

### 5.启事的写作要领

物业管理企业在社区内发布的启事类文书，涉及的内容相对于其他类别的文书较少一些，一般只涉及失物招领、寻物等内容。客服人员在拟订启事时，应注意标明时间、地点及所要招领或寻找的物品的特征等，当然，还要注明联系方式。其写作格式如表2-6所示。

表2-6  启事写作格式

| 序号 | 项目 | 基本要求 |
|---|---|---|
| 1 | 标题 | 失物招领或寻物启事等 |
| 2 | 首行 | 填写启事要告知的人员，如"尊敬的各位业主（用户）："|
| 3 | 正文 | （1）失物招领：可灵活多样，可以介绍事情的经过，失物的情况，要求失物者何时到何地凭什么证件去领失物<br>（2）寻物启事：介绍何时何地丢失了何物，要详细描述失物的特征，并写明返回有酬谢之类的话 |
| 4 | 落款 | 写启事者签字及日期 |

下面提供一份××物业管理企业发布的失物招领启事的范本，仅供参考。

▌ 范本

# 失物招领启事

尊敬的各位业主（用户）：

管理处工作人员近日在巡楼中拾得钥匙一串，敬请丢失者携带相关证件到客服中心认领。再次提醒各位业主（用户）注意保管好自己的物品，以免给您的生活带来不便。

_____物业管理有限公司

____年____月____日

📋 知识拓展

## 客服文书的发布要求

### 1.安装统一布告栏

发布日常文书常以书面形式为主。在以居住为主的小区内可将文书张贴在小区主要出入口、每栋住宅楼的一楼大堂或电梯前厅。物业管理企业一般会在以上地点安装统一的布告栏，以便业主（用户）习惯于时刻注意布告栏中公告的内容，在第一时间内了解最新信息。

布告栏应制作精美、大方，与周围环境相映衬，以此保证小区内公共场所的美观。对于商业楼宇的物业而言，可将布告分发到各单位或投入到信箱内。

### 2.布告应有较高的认可及接受度

日常文书一般是物业管理企业单方面主动发布，业主（用户）被动接受信息，而且只能通过书面文字表达意思，属于物业管理企业与业主（用户）沟通的一种特殊形式。所以在拟订文书内容时，为保证业主（用户）对文书有较高的认可及接受度，应注意以下几点：

（1）形式要规范。物业管理企业向业主（用户）发布的日常文书主要有通知、启事、通告、提示、简讯等形式。无论哪一种形式，格式都要规范。

（2）一份文书一条信息。物业管理企业发布新的文书后，大部分业主（用户）都是在经过布告栏时顺便留意文书的内容，停留的时间很短暂。为使业主（用户）在最短时间内得到准确的信息，最大限度降低信息的流失量，发布时应注意布告内容单一，避免有多个不同内容出现在同一文书内；文书的语言要简练明确，尽量使篇幅短小精练，以保证信息传达得快速而准确。

### 3.语言要灵活

不同形式的文书内容也不一样，物业客服人员发布的每一份文书都有其不同的目的，对业主（用户）收到信息时的反应效果要求也各不相同；而这些差异主要可通过语言组织、措辞等表现出来，不同的语言表达可表现出发布者的不同态度。

因而，为使业主（用户）能更准确地接收信息，可在语言上灵活运用，将实际目的准确地表达出来。

### 4.版面应严谨

在以居住型为主的小区内，由于文书对象较多，客服人员应注意文书版面要严谨。对于纸张的大小、字体类型及颜色等都应做统一规定，如发布通知、通告等布告时采用A4型纸张、宋体字；另外，对字体的大小也可做统一的规定，如标题用三号字，正文用小四号字等。

### 5.符合礼节规范

客服人员在拟订文书时，应使用符合礼节规范的礼貌用语，如文稿台头使用"尊敬的业主（用户）"，正文中对业主（用户）的称谓使用敬称"您"等。

另外，无论发布任何类别的文书，都应始终保持对业主（用户）尊敬的语气，决不能使用过分批判甚至侮辱性的文字。如确有必要批评业主（用户），也应在语言组织上灵活应用，使用婉转或较易接受的措辞，以取得满意的效果。

## 四、面对面沟通

客服人员在与业主（用户）面对面沟通交谈时应当体现出以诚相待、以礼相待、谦虚谨慎、主动热情的基本态度，而绝对不能逢场作戏、虚情假意或应付了事。具体要求如图2-7所示。

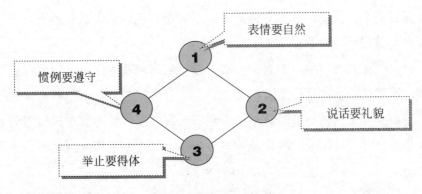

图2-7　交谈应有的态度

### 1.表情要自然

（1）专注。交谈时目光应当专注，或注视对方，或凝神思考，从而和谐地与交谈进程相配合。眼珠一动不动，眼神呆滞，甚至直愣愣地盯视对方，都是极不礼貌的。目光东游西走，四处"扫瞄"，漫无边际，则是对对方不屑一顾的失礼之举，也是绝不可取的。如果是多人交谈，就应该不时地用目光与众人交流，以表示彼此是平等的。

（2）配合。交谈时可适当运用眉毛、嘴、眼睛在形态上的变化，来表达自己对对方所言的赞同、理解、惊讶、疑惑，从而表明自己的专注之情，使交谈顺利进行。

（3）协调。交谈时的表情应与说话的内容相配合。与上级领导谈话，应恭敬而大方；与客人谈话，则应亲切而自然。

### 2.说话要礼貌

（1）注意语音。与人进行交谈时，尤其是在大庭广众之下，必须有意识地压低自己说话时的音量。最佳的说话声音标准是，只要交谈对象可以听清楚即可。如果粗声大气，不仅有碍于他人，而且也说明自己缺乏教养。

（2）注意语态。与人交谈时，在神态上要既亲切友善，又舒展自如、不卑不亢。自己说话时，要恭敬有礼，切忌指手画脚、咄咄逼人。最佳的语态是平等待人、和缓亲善、热情友好、自然而然。当别人讲话时，则要洗耳恭听，最忌三心二意、用心不专。最佳的语态是积极合作、认真聆听、努力呼应、有来有往、专心致志。

（3）注意语气。在与别人交谈时，语气应当和蔼可亲，一定要注意平等待人、谦恭礼貌。讲话的速度稍微舒缓一些，讲话的音量低一些，讲话的语调抑扬顿挫一些。在交谈时既不要表现得居高临下，也不宜在语气上刻意奉迎，故意讨好对方，令对方反感。同时，在语气上一定要力戒生硬、急躁或者轻慢。

（4）注意语速。在交谈之中，语速应保持相对稳定，既快慢适宜，舒张有度，又在一定时间内保持匀速。语速过快、过慢，或者忽快忽慢，会给人一种没有条理、慌慌张张的感觉，是应当力戒的。

### 3.举止要得体

（1）善于运用举止传递信息。可用手势来补充说明其所阐述的具体事由，适度的举止既可表达敬人之意，又有助于双方的沟通和交流。

（2）避免过分或多余的动作。与人交谈时可有动作，但动作不可过大，更不要手舞足蹈、拉拉扯扯、拍拍打打。为表达敬人之意，切勿在谈话时左顾右盼，或是双手置于脑后，或是高架"二郎腿"，甚至修指甲、挖耳朵等。交谈时应尽量避免打哈欠，如果实在忍不住，也应侧头掩口，并向他人致歉。尤其应当注意的是，不要在交谈时以手指指人，否则就有污蔑之意。

### 4.惯例要遵守

客服人员在与业主（用户）面对面沟通时往往还能够通过一些细节来体现自己的谈话态度，在这些细节的处理上要遵守一定的既成惯例。

（1）注意倾听。客服人员在交谈时务必要认真聆听对方的发言，以表情举止予以配合，从而表达自己的敬意，并为积极融入到交谈中去做最充分的准备。切不可追求"独角戏"，对他人发言不闻不问，甚至随意打断对方的发言。

（2）谨慎插话。交谈中不应当随便打断别人说话，要尽量让对方把话说完再发表自己的看法。如确实想要插话，应向对方先打招呼："对不起，我插一句行吗？"所插之言亦不可冗长，一句两句点到为止即可，不能接过话茬就开始长篇大论，完全不顾及对方的感受，也不管对方是否已经阐述完毕。

（3）重视交流。交谈是一种双向或多向交流过程，需要各方的积极参与。因此在交谈时切勿造成"一言堂"的局面。自己发言时要给其他人发表意见的机会，别人说话时自己则要适时发表个人看法，互动式地促进交谈进行。同时，要以交谈各方都共同感兴趣的话题为中心，并利用双方均能接受的方式进行。若发现话不投机，需及时调整话题。

（4）礼让对方。客服人员在与他人进行交谈时，不要以自我为中心，而忽略了对对方的尊重。正常情况下，在谈话中不要随便否定对方或是质疑对方，不要动辄插嘴、抬杠，不要一人独霸"讲坛"，或者一言不发、有意冷场。

（5）委婉表达。在陈述自己的见解时，应该力求和缓、中听，不仅要善解人意，而且要留有余地。即使是提出建议或忠告，也可以采用设问句，最好不用有命令之嫌的祈使句。在任何时候，都不要强人所难。

# 第三节 沟通的技巧

工作实践中，客服人员会遇到各种突发情况，不同的情况，要使用不同的沟通技巧，而业主（用户）的异质化程度高，有的知书达理，有的则蛮横无理，面对不同的业主（用户），也要会使用不同的沟通技巧，才能化干戈为玉帛。

## 一、处理好与业主（用户）的关系

客服人员每天接待最多的就是业主（用户），为取得良好的沟通效果，客服人员应采取如图2-8所示的措施来处理好与业主（用户）的关系，为良好的沟通打下基础。

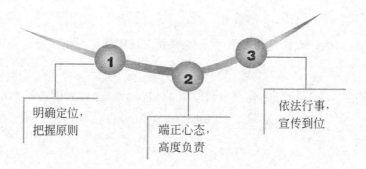

图2-8 与业主（用户）处理好关系的措施

### 1.明确定位，把握原则

不少人对物业管理还存在认识上的误区：有的人认为物业管理企业与业主（用户）之间是管理者与被管理者的关系；有的则认为业主（用户）与物业管理企业之间是"主人"与"仆人"之间的关系。这些误解导致物业管理工作难以开展。

其实，物业管理企业受托对物业实施管理，主要是为业主（用户）和使用人提供服务，物业管理服务合同一经签订，双方就是平等的合同关系，应依照合同和相关法律各自享有权利、履行义务，并没有主次之分。

因此，客服人员在与业主（用户）沟通时，要着眼于双方是平等的民事主体，要以相关的法律、法规和各种合同关系的约定为基本准绳来分清双方责权，并以实事求是的态度，充分采用人性化、灵活性的方式处理具体问题。

### 2.端正心态，高度负责

人与人相处，自然离不开态度的问题，因此物业客服人员一定要端正态度，高度负责，可从如图2-9所示的三方面来要求自己。

（1）要以诚相待，用良好的服务态度拉近与业主（用户）之间的距离。当业主（用户）提出正当要求但又超越物业服务范围时，这说明我们提供的服务还存在不足，应该立即纠正，如果因条件或人力限制难以满足需求，应向业主（用户）坦诚交代不能解决的原因。客服人员要通过沟通取得业主

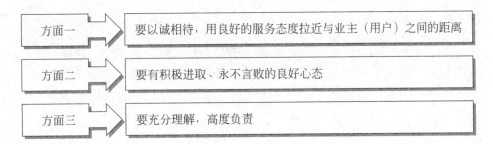

图2-9　端正心态，高度负责的要求

（用户）的谅解和信任，并做到于细微之处感化业主（用户），让业主（用户）充分感受到你的善意和诚挚。

（2）要有积极进取、永不言败的良好心态。在实际工作中，物业客服人员肯定会遇到麻烦，甚至是个别业主（用户）提出的无理要求，感到委屈、困难而打退堂鼓，往往于事无补，倒不如以积极的态度去面对，终究会找到解决问题的办法。

（3）要充分理解，高度负责。由于文化、知识等差异，业主（用户）可能会对物业管理规定或服务不理解，提出一些不正当要求，甚至强词夺理、恶语相加，作为物业客服人员，不论业主（用户）反映的问题对与错、大与小、都必须以高度负责的态度来处理。

### 3.依法行事，宣传到位

物业管理遇到的问题十分复杂，涉及的法律问题非常广泛，整个物业管理过程中，时时刻刻离不开法律、法规。如何签订物业服务合同，如何制定规章制度，如何处理对内对外关系，如何开发物业管理中的服务项目，如何收取各种费用，安全保卫中遇到的问题怎样解决，这些问题应当以我国的法律、法规为根据做出正确回答。作为客服人员，应该学习相关法律、法规，如《物业管理条例》《城市房地产管理法》《中华人民共和国劳动法》《中华人民共和国民法典》等，遇到问题时一定要有法律观念，处理问题时要以法律、法规为依据。只有这样，签订的合同才有效力，制定的规章制度才能实施，处理问题才会恰当。

现在有的业主（用户）对于自身权益的了解不够清楚，认为只要交了物业管理费，什么事情都要物业管理企业来负责。在这种错误意识的支配下，家中的电灯不亮、水龙头漏水，个别业主（用户）都要求物业管理企业马上修理，稍有怠慢，便会招来非议。究其原因，是业主（用户）并不了解物业管理。《物业管理条例》规定，物业管理企业是对服务区域内公共、公用部分的设施、设备进行管理，对公共秩序进行维护，而不是向业主（用户）提供包罗万象、全方位的服务。

## 二、掌握沟通的要点

客服人员在与业主（用户）沟通时，应掌握如图2-10所示的要点。

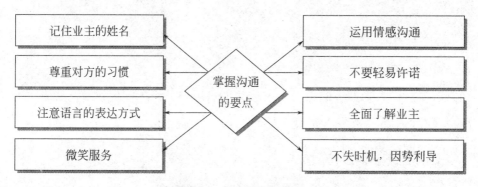

图2-10　掌握沟通的要点

### 1.记住业主的姓名

平时，客服人员要尽量把业主（用户）的名字记住。在与业主（用户）沟通时，礼貌地呼出对方的姓名会使对方感到非常愉快，让对方有被重视的感觉。

### 2.尊重对方的习惯

在与业主（用户）沟通过程中，客服人员首先要尊重对方的习惯，了解不同国家、民族、地区的基本常识，使业主（用户）感觉温馨，容易理解和接受物业管理企业的工作。

### 3.注意语言的表达方式

熟练运用语言技巧，可以沟通物业管理企业与业主（用户）的信息，协调企业与业主（用户）的关系，并树立企业的良好形象。

### 4.微笑服务

客服人员必须具备亲切自然的微笑，让微笑去感染、沟通每一个业主（用户）的心灵。客服工作人员说话时面带微笑"您好，请问有什么可以帮助您！""请慢走！"那种爱笑的可人模样能够让业主（用户）感受到如沐春风般的温暖。即使是冲动的业主（用户）遇到烦心的事情想要发泄下情绪，遇到爱笑的客服想必也会慢慢平静，毕竟常言道：伸手不打笑脸人。

### 5.运用情感沟通

一流的物业必须有一流的管理，而一流的管理，离不开物业管理企业和业主（用户）之间良好的情感沟通。客服人员通过有意识的情感沟通工作，确切了解和掌握业主（用户）的真情实感所思所虑，同时也积极营造沟通氛围。

### 6.不要轻易许诺

客服人员在与业主（用户）沟通时，对对方提出的要求，属于马上可办到的，可以当场许诺；需要研究的应说明情况，以后再做答复；对根本办不到的（原则性），要明确拒绝，并讲明理由，请对方谅解。轻易许诺对方和各种请求，虽然会赢得对方的暂时欢心和感谢，但因为无法兑现自己的许诺，到头来，只会损害物业管理企业的形象。

### 7.全面了解业主

业主（用户）的文化程度、职业、年龄、特点和爱好等基本情况，物业客服人员都应全面了解，因为它有可能成为协调中的突破口。

### 8.不失时机，因势利导

"因势利导"就是顺着事物的发展趋势加以引导。在与业主（用户）进行协调时，首先要认识、掌握业主（用户）心理发展变化之"势"，然后再根据客观之"势"加以引导。

💼 **案例赏析**

## 物业管理人员因势利导与业主达成沟通

某大厦由于设计的需要，各单元内污水管的检修孔都设置在楼下单元的卫生间顶部，因此所有单元内卫生间的顶部不能全部封闭。而某单元业主在装修时，坚持自己的审美观念，执意要将卫生间的顶全部封闭起来。为此，物业客服人员登门向业主说明：排污管道及检修设备属公共所有，根据有关规定物业使用人在使用物业中不能占用、损坏住宅的公用部位，并向业主直接出示了《物业管理条例》中的有关条款内容，业主看后，开始有所缓和。

客服人员看在眼里，赶紧趁机说："按大楼的原来设计安排，要求在每户单元内吊顶上留下检修孔，您家污水的排污管检修口也放在楼下业主室内。他们家在装修时也曾提出同样的问题，但最终还是服从大局，留下了一个可以开启的活口，您可以参考一下他们的做法。"业主一下子来了兴趣，看到楼下单元的处理方案，虽并不尽美，但也不致影响整体效果，业主紧绷的脸终于放松了。

【点评】

这是一个物业管理人员根据国家的有关规定，提出假设并因势利导，让业主真正感到问题的严重性，最后做出理智决断。达成了沟通，协调统一的成功案例。

当物业管理企业内外由于信息传播不流畅或企业的工作出现失误，企业行为、政策等尚未被业主（用户）认识、理解等原因导致物业企业与业主（用户）的失和时，或业主（用户）对物业企业产生不理解、不信任、不合作，甚至持反对、敌视等态度时，物业客服人员应运用原则和技巧促进物业管理企业与业主（用户）的双向交流，建立起物业管理企业与业主（用户）的共同认识。

# 三、灵活运用沟通话术

作为物业客服人员，每天都要面对形形色色的业主（用户），回答各种各样的问题，这对客服的沟通对话能力是一种考验，因此，物业客服需掌握相应的话术，以便针对不同问题作出相应的回答，让沟通更加畅顺，让业主（用户）更加满意。

### 1.不到万不得已，不要出现否定句式

我们无法确保自己总是百分之百正确，也不想"祸从口出"甚至导致投诉，所以最好的办法就是用委婉的态度表达出自己不同的看法。

业主（用户）听到拒绝的话，不管是否合理，肯定会不愉快，有时候可以换一种说话的方式。

比如：

"我觉得这个建议很好，但是，这个方案……，也许会更好……"

"您好，我感到很抱歉……，我建议您可以这样……"

### 2.在沟通的中要带有目的和结果的去说话

第一句话就让别人知道你讲话的重点是什么，然后用第一点、第二点、第三点的方式逐次澄清你的思想，最后再做一个总结。

比如：

"我有什么可以帮助您的呢？"（了解对方的目的）

"您目前有这两个解决方案，您看那个比较合适呢？"（给出处理方案）

"好的，我现在帮您处理……，非常感谢您的意见"（总结）

### 3."闭嘴"有时候也是沟通的一种方式

在工作场合，最能说的那个人不代表就是最能干的那个人。在不对的时机、不对的场合和不对的人面前，有时候保持沉默远胜过千言万语。

尤其是遇见那些无理取闹的业主（用户），千万不要与他争辩。你要知道争论是永远无止境的，与一个钻牛角的人是无法进行正常对话的。你可以任由他发泄，等他想起咨询你的看法后，你可以再给出合理的解释。

比如：

"好的，您的问题我了解了，目前关于这方面的规定是……"

"您说的这个只能……，问题是……"

### 4.主动表达帮助业主的意愿

站在业主（用户）的立场上，他一定会认为他的问题是最重要、最紧急的。这个时候，主动表达愿意解决他的问题意愿，能让业主（用户）更加认可你。

客服人员如果能够主动发现客户的需求，并想办法满足它，会有效提高沟通效率。

比如：

"您是否遇到的是这个问题……，建议您可以这样解决……"

"请问您需要什么帮助，我怎么才可以帮助您呢？"

### 5.先表达态度，后解决问题

首先你要学会要以平常心对待问题，其次学会换位思考，再者要学会尊重业主（用户）。本质上来说就是"站在客户的角度思考问题"。在与业主（用户）谈话的时候，不能一个劲地只表明我自己的看法"我认为是这样的……"这只会使对方反感和厌烦。总而言之，要营造一种积极的气氛，给客户的感觉是：平等的、友好的。

比如：

"您的看法是怎么样的呢?……"

"您的心情我理解，我真心希望我能帮助您处理好问题……"

### 6.好听的话更具有力量

恰到好处的赞扬，是一种赢得人心的有效方法，它可以提高别人的自尊，从而获得别人的善意。学会使用赞美，是一种博得好意与维系好意的最有效的方法。

比如：

"您提出的这个问题真的是太好了……"

"您真的太棒了……，非常感谢您提出意见"

### 7.道歉也是一种艺术

如果处理问题中不慎出错、失言或考虑不周时，应诚恳致歉，不应欺瞒躲闪。但道歉应适度，让对方明白你内疚的心情和愿意把问题处理好的态度诚恳即可。并且道歉应有事实依据，认错不宜夸张，适实适事，尤其是当业主（用户）也有责任时不应大包大揽错误，否则会带来不必要的损失。

比如：

"您好，对于这个问题我感到很抱歉！"

"对不起，我这边马上处理好您的问题……"

### 8.不要真的以为你听懂了

有效的倾听是建立和谐人际关系的关键之一。人都需要被倾听，无论是出于对自己的情感考虑，还是为了达成人与人之间的理解。相互理解才能建立信任的关系，而要理解对方意图必须要认真地倾听。很多时候，我们以为我们听懂了，而这往往是误解的开始，如何确保做好这一点呢?复述与确认的技巧是非常重要的。

比如：

"您好，跟您核对一下，您所遇到的问题是……"

"您是遇到这样问题吗？首先是……"

### 9.情绪的控制是好好说话的前提

谦恭、沉着、冷静的表现令你看起来更有自信、更值得人敬重。

（1）我看到的事实是什么？（客户是对我发泄情绪吗？）

（2）我的需求是什么？（将问题处理好）

（3）最后导致的结果是什么？（情绪发泄有利还是有益？）

所以，面对业主（用户）的指责时要避免情绪化，更不要将不满的情绪表露出在言语里面，更不要向业主（用户）解释你的行为，即便过错方不在你，也要把"理"让给业主（用户）。

比如：

"谢谢您的建议，我会认真考虑。"

"好的，我明白您的问题，您看这样处理可以吗？"

---

📋 **知识拓展**

## 物业客服人员话术集锦

【民法典新规类】

1.什么是物业合同？

答：物业服务合同是物业服务人在物业服务区域内，为业主提供建筑物及其附属设施的维修养护、环境卫生和相关秩序的管理维护等物业服务，业主支付物业费的合同。物业服务人包括物业服务企业和其他管理人。

2.物业合同包括哪些内容？

答：物业服务合同的内容一般包括服务事项、服务质量、服务费用的标准和收取办法、维修资金的使用、服务用房的管理和使用、服务期限、服务交接等条款。物业服务人公开做出的有利于业主的服务承诺，为物业服务合同的组成部分。

3.物业合同的效力有哪些？

答：建设单位依法与物业服务人订立的前期物业服务合同，以及业主委员会与业主大会依法选聘的物业服务人订立的物业服务合同，对业主具有法律约束力。

4.前期物业服务合同法定终止条件是什么？

答：建设单位依法与物业服务人订立的前期物业服务合同约定的服务期限届满前，业主委员会或者业主与新物业服务人订立的物业服务合同生效的，前期物业服务合同终止。

5.物业服务人的一般义务是什么？

答：物业服务人应当按照约定和物业的使用性质，妥善维修、养护、清洁、绿化和经营管理物业服务区域内的业主共有部分，维护物业服务区域内的基本秩序，采取合理措施保护业主的人身、财产安全。

对物业服务区域内违反有关治安、环保、消防等法律法规的行为，物业服务人应当及时采取合理措施制止、向有关行政主管部门报告并协助处理。

6.业主的义务有哪些？

答：业主应当按照约定向物业服务人支付物业费。物业服务人已经按照约定和有关规定提供服务的，业主不得以未接受或者无需接受相关物业服务为由拒绝支付物业费。

业主违反约定逾期不支付物业费的，物业服务人可以催告其在合理期限内支付。合理期限届满仍不支付的，物业服务人可以提起诉讼或者申请仲裁。物业服务人不得采取停止供电、供水、供热、供燃气等方式催缴物业费。

业主装饰装修房屋的，应当事先告知物业服务人，遵守物业服务人提示的合理注意事项，并配合其进行必要的现场检查。业主转让、出租物业专有部分、设立居住权或者依法改变共有部分用途的，应当及时将相关情况告知物业服务人。

【物业收费类】

1.从什么时间开始计收我的物业费？

答：按约定日期办理收楼手续的，从办理收楼手续之日起开始计算；未按收楼手续约定日期拖延收楼手续的，以开发商发给业主的"收楼通知书"上标明的交房时间的次月开始计收物业费。

2.以什么面积收取我的物业费？

答：房产证未办理以前，以商品房买卖合同上的销售面积为准；房产证办理以后，以实测后的建筑面积收取物业费。

3.我们如何知道物业费都花在什么地方了？

答：物业费主要用在小区内各公共设施设备（电梯、消防监控、供水供电设备）的日常养护、维修及公共清洁卫生和环境绿化的维护等方面；我公司将每年向业主公布一次物业管理企业对本小区收缴与支出的账目，届时您可以详细了解物业费是如何花销的。

4.房屋未装修，入住前是否要缴纳物业费？

答：只要房屋已交付，无论业主是否入住，都要缴纳物业管理费。因为物业管理企业已经开始提供服务。物业管理企业并不是为一个或几个业主服务，而是为整个小区提供服务，物业管理企业与业主的合同关系是一对整体业主的合同关系。物业管理费是用于整个小区维护保养、维持小区正常持续运行所必需的费用，并非物业管理企业的经营性收入。如果一个或几个业主不缴纳物业管理费，必然导致物业管理费入不敷出，物业管理企业因缺乏资金对小区的维护管理将难以为继，导致全体业主的共同利益受损。

5.为什么要缴纳专项维修资金？它的使用、续筹的程序怎样的？

答：根据国家《物业管理条例》及当地有关物业维修资金之相关规定，业主需要缴纳物业维修资金。新建居住小区商品住宅销售时，购房者应当按购房款2%～3%的比例向售房单位缴纳维修资金。资金用于住宅共用部位、共用设施设备保修期满后的大修、更新、改造。维修资金的使用，由物业管理企业提出年度财务预算，经业主委员会审定后实施。维修资金不足时，经业主委员会决定，按业主拥有的住宅建筑面积比例向业主续筹。商品住宅专项维修资金由房管局代为管理。

6.有的业主不缴纳物业费，这对我有影响吗？

答：有影响。因为物业服务的实施是需要业主缴纳的物业费来支持的，如果有业主不缴纳物业费，势必会给物业管理企业的管理运营经费造成影响，也将影响了已交费业主的利益，也就是影响了您的利益。

7.小区的公共照明用电是否需要业主分摊？

答：包含在物业服务费用里面。

8.收楼时还有许多配套设施，如周边绿化、车库、行人通道等没有交付，是否需全额缴纳物业管理服务费？

答：原则上是要全额缴纳的。

9.物业费如何收缴？

答：我们目前是于业主入伙时预收一年的物业管理费，以后按季度收取。这已经在"前期物业服务协议"中有约定。

10.小区内的水景、园林维护如何进行？其保养运行是否额外收费？

答：水景园林将由外包的专业公司进行维护与保养。能够保证如喷泉之类的配套正常运行，运行时间由管理处具体拟定。其保养运行不额外收费，包含在物业管理费中。如遇大修则需动用维修资金。

11.为什么物业费会这么高，是不是日后会随时变动？

答：小区现时费收费标准是由政府备案的，不会随便调整。

12.为什么我买了房，在小区内停车还要交停车费？

答：小区内的停车位为业主提供车辆停放之便利，但由于车位产权归属因素，其他人士若以租用形式使用，因此需要交纳停车费及车位管理费，即类似租房需要交房租及管理费。

【物业服务类】

1.草坪或其他植物会定期整修吗？

答：会按季节与植物长势情况定期整修或补栽。

2.房屋有问题找哪个部门？

答：可以找物业服务中心，由物业服务中心受理后根据"住宅质量保证书"的约定与开发商联系履行有关房屋保修义务。

3.高层住户水压不够怎么办？

答：可以直接向所管辖区内自来水主管部门投诉，也可以向所在小区物业反映，由物业人员代为联系相关部门进行情况说明及报修。

4.小区以后是否会实行人车分流？

答：因为面积较小，小区不会实行人车分流。

5.车辆停放时，车主享有什么样的权利？假如车辆丢失，物业管理企业应该承担什么样的责任？

答：车主享有车辆停放及对物业人员服务态度的投诉权利等。至于车辆丢失的赔偿问题，要看具体原因。如果物业履行了正常的安全防范义务，不存在失职情形，业主不能要求物业管理企业承担赔偿责任。如果物业管理企业有明显的失职情形，并且这种失职与业主存在一定的因果关系，则物业有可能要承担一定的赔偿责任。

6.物业管理企业能否在房屋楼顶或者电梯轿厢内架设广告牌？

答：可以做一些公益性的宣传。同时，根据物业服务合同约定，根据民法典规定，建设单位、物业服务企业或者其他管理人利用业主的共有部分产生的经营性广告所得，在扣除合理成本之后，属于业主共有。

7.业主委员会何时成立？

答：依据《民法典》《物业管理条例》，符合业主委员会成立条件的居住小区，应当设立业主委员会。

8.请告诉我你们的工作时间好吗？

答：每天24小时均有专人值班和接听电话，随时提供服务。

客服电话：×××××××。

9.我们如何投诉？怎样报修？

答：您如果要投诉个别管理、服务人员时，请记录其姓名、证件编号，可以直接到物业客户服务部投诉，也可用电话、书信函件的形式进行投诉。我们将进行调查、核实并及时向您反馈处理意见。

物业管理企业收到您的报修后，维修人员在三十分钟内赶到维修现场。业主室内维修只按零部件成本价格收取适当费用，维修之前，请您在维修工作单中维修报价一栏中签字确认，维修结束后，请在维修工作单上签署维修意见。倘若业主对维修服务结果存有异议或意见，请在维修工作单上予以说明或向物业客服部进行投诉。

10.为什么要填写"业主联系信息登记表"，如何保密？

答：主要是想通过此种方式了解业主的基本情况，以便于我们更好地为业主提供有针对性的个性化服务，如当业主不在，而家中出紧急状况时，物业管理企业可通过您所提供的紧急情况下的联络号码与您及时联络，使您及时得以处理使损失降到最低。

对于业主签署的任何协议和个人资料我处均有专人管理，并建立健全档案管理制度，资料的查阅必须由经理批准方可查阅。

11.我家里跑水了，物业应负什么责任？

答：物业管理企业以提供物业管理服务业务为宗旨。公司所应履行的、承担的责任、享有的权利均由《物业服务合同》赋予并做明确规定。假如跑水是因物业管理企业违反法律及相关契约的规定而造成的，物业管理企业应承担相应的责任，反之，则不应承担事故责任。我们要求业主在二次装修过程中做防水实验，目的是避免将来给自己带来不必要的麻烦。

12.自来水水质如何保证？

答：本小区自来水是由市政自来水公司管道直接供应到各业主单元的，水质经过自来水公司严格的检验。

【工程类】

1.小修、中修、大修都包括哪些内容？

答：大修工程是指需牵动或拆换部分主体构件或设备，但不需要全部拆除的工程；中修工程是指需牵动或拆换少量主体结构或设备，但保证原房或设备的结构和规模的工程；小修工程是指及时修复房屋或设备在使用过程中，其构件、部件小的损失，以保证房屋或设备原有等级的日常养护工程。

2.小修费和公共设施维修费的区别？

答：小修费用是公共区域的常规维修和业主单元内简单维修（材料需自备）。公共设施维修是指各类供、配电、给排水、燃气设备等的维修费用，用途是不同的。

3.房屋发现裂缝、漏水等问题是否保修？保修期限是多久？

答：根据《建设工程质量管理办法》等相关规定，房屋主体和相关部位及配套设施都有保修，只是保修的期限不同，具体见收楼时开发商提供的《住宅质量保证书》。

4.电梯多长时间检修一次？检修需要多长时间？是否会影响住户？

答：电梯每月检修。检修时间由电梯运行状况与养护情况综合决定。检修时间将避开人流高峰期（一般是在夜晚），不会影响住户使用电梯。

5.谁是解决住宅质量问题的责任单位？

答：本市住宅质量整治的基本原则是："谁开发、谁负责"；市、区共同配合，以区为主的"具体解决属地化"原则。重点解决影响住宅结构安全和严重影响使用功能的问题。这就明确规定，承担住宅开发建设的房地产开发企业，是解决住宅质量问题的第一责任人，一旦发生住宅质量问题，房地产开发企业不可推卸，应积极、主动地设法解决住宅的质量问题。

6.公共部位可以随意占用吗？

答：根据《物业管理条例》《民法典》等有关规定，产权人和使用人不得擅自占用公共场地和设施，不得在共用部位乱堆乱放。如有违反，物业管理部门有权劝阻、制止并向有关行政管理机关报告，同时有权要求恢复原状、赔偿损失。因此发现有人占用公共区域时，物业管理企业会及时劝阻，避免影响业主的正常使用。

【装修类】

1.装修时需要办理哪些手续？

答：大致流程为：到服务中心领取装修申请表填写，然后提供装修公司营业执照、资质证书的复印件、房屋装修设计图、装修方案等资料给物管，由物管工程部进行技术会审，经批准后方可入场进行装修。

提出申请→提交施工图纸及方案物业审批（3个工作日）→交装修押金→办理装修许可证→办理"施工人员出入证"→完工报验→退装修施工证及证件押金。

2.装修房屋为什么要向物业管理企业申请、为什么要收装修保证金？

答：《物业管理条例》第52条规定业主需要装饰装修房屋的，应当事先告知物业管理企业。物业管理企业应当将房屋装饰装修中的禁止行为和注意事项告知业主。国家有关法规规定，建筑物包括共有部位和自用部位两个方面。对于共有部位，单个业主没有权力去改变。装修涉及建筑物安全使用的问题。物业管理企业必须从装修开始时就进行管理，否则等装修完后，装修带来的损害已经形成，不但难以改正，也给业主安全带来威胁。实际生活中，有不少装修工人野蛮施工，破坏房屋主体结构，不考虑他人生活的方便、安全，不顾及对建筑物、设施设备的保护，不顾及对环境卫生的爱护，造成他人生命、健康、财产的损失，破坏公共设施设备。对于装修中的这些违规行为，用装修保证金来制约。

3.装修时，我能否擅自更改房屋结构？

答：根据《住宅室内装饰装修管理办法》相关规定，严禁擅自更改房屋结构。

4.装修时不是承重墙可以敲掉吗？框架结构内的墙可以拆吗？

答：户内承重墙不可以拆改，其余墙体原则上在不影响房屋结构及左右邻居房屋质量的情况下可以拆改。

5.卫生间是否要做防水闭水？

答：业主装修时一定要装修公司做防水、闭水试验，闭水试验的时间为48小时。以免业主入住使用后卫生间渗漏，造成楼下业主投诉，给自己房屋装修带来维修损失。

6.我想把室内的对讲（暖气、电话接口、燃气报警器、紧急求助报警器）移一移，可不可以？

答：不可私自移动。由于这些改动设计到小区的整体系统，需要由物业协调原施工单位（暖气和燃气系统按国家有关规定不允许改动，可视对讲等智能系统应提醒住户改动后有可能影响使用效果）。

7.我的装修垃圾如何清运？

答：物业负责将装修垃圾委托专业单位从小区内清走，但您需要每天在集中装修期规定的时间内将装修垃圾袋封口后，堆放在我们指定的装修垃圾场地点，不得占用公共区域；关于集中和非集中装修期垃圾清运时间参照《装修手册》规定的时间。

8.我想把室外部分设施拆了，行不行（涉及外立面拆改的）？

答：2003年5月1日，建设部颁发的110号文中规定，房屋外立面一律不得拆改。

9.装修人员可以在我家住吗?

答：为了业主和小区的安全装修人员不可以留宿在现场。

10.台、窗户是否可以安装防盗网?

答：不可以。根据国家2002年实行的《住宅室内装饰装修管理办法》第二章第六条第二款之相关规定，改变住宅外立面之装修行为须经过城市规划行政主管部门批准，因此，阳台、窗户等安装防盗网需要经过城市规划行政主管部门批准。

11.我可以对排烟道进行改造处理吗?

答：不可以改造。

12.房的煤气管道是否可以更改，是否可以藏在橱柜里面?

答：煤气管道原则上不可以更改，如需更改，先要报煤气公司审批并由煤气公司施工。倘若煤气公司确定满足通风的情况下，可以将管道藏在橱柜内。

13.可否安装太阳能热水器?

答：由于物业原有设计不包括业主安装太阳能热水器之需求，业主不可以占用公共区域安装太阳能热水器。

【安全保卫类】

1.户家中被窃或在社区内受到歹徒侵犯，物业管理企业已收取保安费，物业管理企业要如何处理?

答：物业管理企业物业费包含了保安费，就会严格遵照文件对服务内容和服务标准的要求进行工作。当发生案件时业主应保护案发现场并尽快通知物业管理企业，物业将会协助保护现场及配合公安机关调查取证。物业管理企业有相应的工作制度，如果保安人员没有按要求进行巡视及盘查工作，物业管理企业将会承担相应的责任。如各项记录及监控显示保安工作按要求进行了，物业管理企业就已尽到了责任。出于对业主安全负责，尽可能提高保卫服务工作标准的考虑，欢迎业主来人、来电或来函与我们共同讨论保卫工作方案，以便最大限度地发挥现有资源的能量，提供优质的保卫服务。建议业主仍要正常买保险，以便发生问题时尽可能减少损失。

2.小区有何措施保护住户安全？

答：首先，在硬件方面设立防范措施，包括围墙设红外线防越系统，小区楼层门安装门禁及对讲系统；小区业主出入口通道、停车场、室外部分区域等均安装闭路电视监控系统连接物业保安监控中心。其次，在非技术防范层面，设专职保安人员24小时值班、巡逻，在重点部位重点监控；物业管理企业会有完善的应急措施，并有针对性地采取安全防范措施，人防、技术防范有效结合。

3.阳台如何防盗？业主是否可以自行安装防护栏？

答：不可。小区内禁止安装防盗网，第一影响房屋外观、第二封闭消防通道。按《物业管理条例》和《消防法》均不允许。而我们小区安全防范措施是非常完善的。

（1）对讲系统：小区大门，各单元门及住户门设置（户内）访客对讲机，确保安全私密的居住品质。

（2）监控系统：小区大门，各单元门，各电梯轿厢，各地下车库及主要道路上设置摄像机全天候值勤监控，为业主生活筑起严密的安全防线。

除以上安防系统外，我小区安管员24小时巡逻执勤，以确保安全无事故发生。

4.怎样防止小商小贩进入？

答：大门门岗保安会对进入小区的所有非业主进行询问。通过后方可进入小区。

5.门禁系统的安全性能如何？

答：已安装的门禁系统是成熟产品，有着很好产品质量和安全性，当您遇到门禁系统发生故障时可联系物业客服部解决（详见住宅使用说明书及产品合格证）。

6.怎样保证住户的安全？有什么安防设施？物业提供怎样的安防服务标准？

答：每个住户单元的防盗、防灾报警装置通过网络系统与管理中心的监控计算机连接起来，实现不间断监控。一般来说，安防报警包括：门禁系统、火灾报警、煤气泄漏报警、紧急求助、闭路电视监控、对讲防盗门系统等。物业提供24小时巡查，人防与技防相结合。正常情况下，如接到紧急求助，保安人员会在5分钟内电话或通过可视对讲机和业主确认，15分钟内赶到现场，时间可能会尽量提前。

【入伙类】

1.收楼时我需要带的证件以及费用？

答：收楼时业主需要带的证件：居民身份证、户口本、如是委托他人需要委托书、照片及交费发票。

费用：预交一年物业费、水电周转金、有线、网络、燃气等的初装或开通费等。具体情况会在开发商寄出的《收楼通知书》里详细说明。

2.为什么要签订《临时管理规约》《前期物业管理服务协议》？

答：根据《物业管理条例》的相关规定，签订协议是为了维护全体业主的共同利益，避免个别业主的行为侵害其他业主的合法利益，同时明确物业管理服务内容和标准。

3.《临时管理规约》《前期物业管理服务协议》有何区别？

答：《临时管理规约》规范全体业主公共行为，《前期物业管理服务协议》明确物业服务内容和服务标准。

4.《临时管理规约》《前期物业管理服务协议》以何为依据？有效期到什么时候？

答：《临时管理规约》《前期物业管理服务协议》都是依照国家建设

部示范文本制定的。

临时管理规约有效期：15%以上的业主签字生效，至业主大会成立后修订新的临时管理规约。

《前期物业管理服务协议》有效期：自房屋出售之日起至成立业主委员会与物业管理企业签订新的《物业管理合同》生效时止。

5.是否可先验房再签约？

答：签约之后验楼发现问题，我们会记录并及时进行整改直至符合交房标准，而不会因为业主已经签约就不去整改。您完全不必担心。

如业主仍坚持，可请现场咨询人员处理。

6.是否可先验房再交费？

答：交费之后验楼发现问题，我们会及时进行整改直至符合交房标准，而不会因为业主已经交费就不去整改。您完全可以放心。

如业主仍坚持，可请现场咨询人员处理。

7.是否可不办理银行托收物业费手续？

答：如果考虑您今后交费的便利性，建议最好办理银行托收。

8.收取的物业费标准是否已办理物价局备案报批手续？

答：我们已根据相关规定实施相关报备手续。

9.整改问题何时可以完成？

答：为最快完成整改，我们专人跟进整改问题，最迟在第二天上午把问题交到施工单位，施工单位根据收楼先后顺序进行整改。但集中入伙期内可能会在同一时间汇集较多问题，所以整改需要一定的时间，我们将一个星期内答复。

10.我们资料如何管理，是否会泄露？

答：我们公司已制定严格的制度和工作纪律，业主资料由专人保管，如查明是物管人员泄露业主资料，将进行处罚甚至予以辞退。

## ✎ 学习回顾

1.如何能做到有效地倾听？

2.拨打电话有哪些要求？

3.客服人员使用微信群沟通需注意什么？

4.模拟撰写几份不同类型的通知、公告。

5.如何处理好与业主的关系？

## ✐ 学习笔记

_____

_____

_____

_____

_____

_____

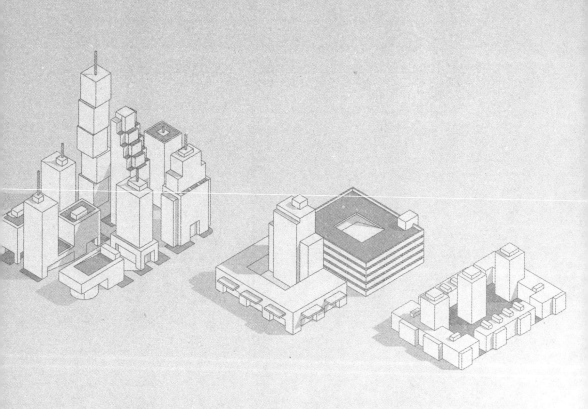

# 第三章
## Chapter three

# 客服人员服务技能

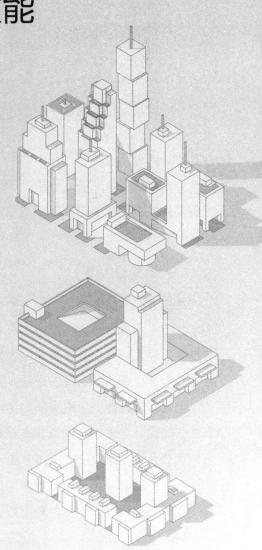

🎯 **本章学习目标**

1. 掌握业主（用户）入住服务的要领。
2. 掌握装修手续办理的流程。
3. 掌握业主（用户）咨询服务的流程。
4. 掌握社区文化建设的要点。

# 第一节 业主（用户）入住服务

对于业主而言，入住的内容包括两个方面：一是物业验收及其相关手续的办理；二是物业管理有关业务的办理。物业客服人员应全力做好这项工作，提高业主的入住满意度。

## 一、入住前的准备工作

集中入住期指业主在开发商书面通知前来入住的时限内集中到物业现场收楼、验楼、办理入住手续的工作时期。在此期间，物业客服人员的工作主要是为业主办理各项入住手续，以及与发展商共同解决业主对所使用的物业存在的疑问和问题。

当物业管理处的验收与接管工作完成以后，即物业具备了入住条件，物业管理处就应按程序进入物业的业主入住手续的办理阶段。物业管理处应根据该物业的《物业管理方案》做好以下入住前的准备工作。

### 1.与发展商沟通

物业客服人员准备工作，主要有：以书面形式详细列出物业管理方面在办理入住手续时要求业主所带的资料、需缴纳的费用、办理流程等提供给发展商，以便发展商在入住通知中告知业主。另外，还要与发展商就如何应对业主可能会提出的疑问进行充分沟通以达成共识。

物业客服人员应采取主动沟通的态度，根据以往的工作经验主动向发展商提出建议与意见，特别是首次接触此类事宜的发展商；如可主动承担联系各政府公共事业部门确定协作事宜、场地布置等工作。

各项沟通必须详尽、严谨。如在提供业主办理入住手续所需资料、费用等内容时，应细致、全面，避免因疏忽漏项而造成不必要的麻烦。在准备入住仪式、场地布置方面，则更应细致入微，小到场地指示牌、背景音乐等，都应给发展商提出好的建议与意见，并且尽量采用书面沟通的方式。

### 2.协调工作

与物业管理行政主管部门、物价局、供电局、自来水公司、供热公司、液化气公司、电信局、有线电视等单位提前沟通协调，保证住户入住后水电气等的供应，正常通邮、上网，解决业主后顾之忧。

### 3.准备入住资料

根据物业的实际情况及管理要达到的标准，制定各种规范、制度，文件、表格等入住手续文件，如表3-1所示，在入住时及时交到业主手中，以便他们知晓其具体内容，利于物业管理的各主体之间的相互了解、相互支持与融洽，从而为进一步管理打好基础。

表3-1　入住资料

| 序号 | 文件 | 详细说明 |
|---|---|---|
| 1 | 入住手续文件 | （1）入住通知书<br>（2）入住通知书回执<br>（3）入住手续书<br>（4）房屋验收单<br>（5）房屋质量整改通知书<br>（6）住宅使用公约 |
| 2 | 入住发放文件 | （1）业主（用户）手册<br>（2）入住须知<br>（3）装修管理办法<br>（4）委托服务项目表 |
| 3 | 入住记录 | （1）业主（用户）登记表<br>（2）验房签收记录<br>（3）入住资料登记记录<br>（4）领取钥匙签收记录<br>（5）委托服务登记表<br>（6）入住收费记录 |

续表

| 序号 | 文件 | 详细说明 |
|---|---|---|
| 4 | 通知业主（用户） | 提前一个月，以电话、短信通知或寄发"入住通知书"的方式通知业主（用户），其内容包括：<br>（1）收楼流程<br>（2）收楼须知<br>（3）交费一览表<br>（4）入住手续单 |
| 5 | 入住前接待准备 | （1）研究制订集中入住的接待工作方案，围绕完成接待任务进行合理分工，并在物资上做好充分准备<br>（2）入住需准备的物资装备：资料袋、笔、计算器、复印纸、复印机、各类收据、发票、各类资料<br>（3）入住场景布置：包括摆放花篮、盆景、悬挂条幅、张灯结彩、插放彩旗、高挂气球等，给业主以隆重、喜庆的感受<br>（4）确定入住手续办理地点，根据地点的情况的布置手续办理现场，尽量为业主提供较大的表格填写位置<br>（5）设置导向路标，安排引导人员，根据入住办理现场的设置，在现场设置明显入住手续办理流的标识，方便业主办理手续 |

# 二、集中入住服务

## 1.办理集中入住的环节

业主在发展商规定的时间到指定地点办理入住手续，办理完结后就可以正式入住了。其具体过程如图3-1所示。

此环节中较重要的一项就是业主收楼验房。如果在验房过程中发现问题，则须由物业客服人员及时与发展商沟通，在最短的时间内予以解决。

## 2.入住手续办理流程

入住手续的办理按"一条龙"方式进行，具体流程如图3-2所示。

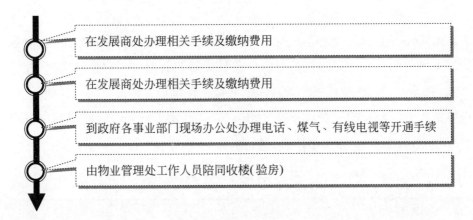

**图3-1　办理集中入住过程**

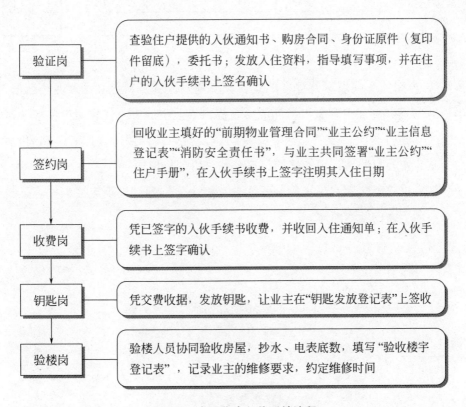

**图3-2　办理集中入住手续流程**

（1）入住审查登记。

① 查验入住通知单并发放资料。物业客服人员应建立入住登记表，对业主提交的"入住通知书"进行查验，确认无误后收取"入住通知书"，在如表3-2所示的"入住登记册"中注明，并向入住申请人发放"入住说明""住户手册""住户公约""管理协议""预交费用标准""装修须知""住户登记表""装修审批表""验收交接表"等资料。

表3-2　业主入住登记册

| 序号 | 业主姓名 | 业主身份证号码 | 房屋代码 | 联系电话 | 入住费用 | 特别情况 | 备注 |
|---|---|---|---|---|---|---|---|
|  |  |  |  |  |  |  |  |
|  |  |  |  |  |  |  |  |
|  |  |  |  |  |  |  |  |

×××物业公司

② 告知业主须填写并提交的资料。上述发放的资料应在"入住登记册"中由业主签收，或由客服人员注明。在提供给业主的"入住说明"中应明确由业主填写并提交的资料，包括：身份证及复印件；业主登记表；购/租房合同的正本及复印件；已签署的住户公约、管理协议。

在完成这一步骤之后，须在"入住手续书"的验证处相应栏内签名，也可以参照下面的范本填写。

> **范本**
>
> ### 入伙手续书
>
> _____公司/女士/先生：
>
> 您好！您所认购的____座____层____单元，已具备入住条件，请您阅读"入住须知"并按下列顺序办理手续：

| 序号 | 办理部门 | 应缴费用或办理手续 | 已收或已办理 | 意见及签章 |
|---|---|---|---|---|
| 1 | 验证处 | 审核业主（用户）相关资料、证件 | | 入住资料审查合格，特此证明<br>签名：<br>　年　月　日 |
| | | 领取入住手续书和资料袋 | | 签名：<br>　年　月　日 |
| 2 | 签约处 | 签约和填写相关资料 | | 签名：<br>　年　月　日 |
| 3 | 收费处 | 管理费（预收×个月） | | 已交清物业管理处有关费用特此证明<br><br>签名：<br>　年　月　日 |
| | | 防盗门（×××元/户） | | |
| | | 装修垃圾清运费（×××元/户） | | |
| | | 信报箱制作费（×××元/户） | | |
| | | 管道燃气初装费（×××元/户） | | |
| | | 有线电视初装费（×××元/户） | | |
| | | 本体维修基金（按总房款的×%一次性收取） | | |
| | | 房产证契税（按总房款的×%一次性收取） | | |
| | | 卫生费（×元/户，预收×个月） | | |
| 4 | 相关单位现场办公 | 办理有线电视开户手续 | | 签名：<br>　年　月　日 |
| 5 | 现场验房 | 现场验房和发放钥匙 | | 签名：<br>　年　月　日 |
| | 资料归档 | 收回入住手续书<br>收回楼宇交接登记表 | | 签名：<br>　年　月　日 |

×××物业管理有限公司

____年____月____日

（2）签约。

① 验证业主的资料。客服人员处对业主的资料进行审核验证，验证内容包括：

——表格填写是否完整、正确和清晰。

——公约和管理协议是否已签署。

——身份证明文件与购/租房合同及"业主登记表"是否一致。

② 签收各项资料。审查通过后，客服人员收取购房合同复印件、业主登记表（如表3-3所示）、住户公约1份、管理协议1份，在入住手续书上注明签收。

### 表3-3　业主登记表

_____座_____层_____单元　　房产证号：_____　　建筑面积：_____平方米

楼层单位性质：住宅/商用

| 业主姓名 | | 性别 | 户口所在地 | 身份证号码 | 联系电话 | 工作单位 | 照片 |
|---|---|---|---|---|---|---|---|
| | | | | | | | |
| | | | | | | | |
| 入住人员简况 | 姓名 | | | | | | |
| | 性别 | | | | | | |
| | 出生年月 | | | | | | |
| | 户口所在地 | | | | | | |
| | 与业主关系 | | | | | | |
| | 证件号码 | | | | | | |
| | 常住/暂住 | | | | | | |
| | 贴照片栏 | 照片 | | 照片 | | 照片 | 照片 |

（3）预交费用。财务应根据国家和政府的法规及发展商或业主委员会的规定，确定入住"预交费用标准"。客服人员审查并接受业主收取各项费用，并开具相应票据给业主。

费用项目包括：预交管理费、装修保证金及清运费等。财物应制作费用登记表，对费用交纳完毕的业主，除在"入住手续书"上签注外，还应在"入住费用登记表"，如表3-4所示中注明。

表3-4　入住费用登记表

| 序号 | 住址 | 面积 | 业主姓名 | 入住日期 | 交费情况 | | | 交费日期 |
|------|------|------|----------|----------|----------|----------|--------|----------|
| | | | | | 管理费 | 装修保证金 | 清运费 | |
| | | | | | | | | |
| | | | | | | | | |
| | | | | | | | | |
| | | | | | | | | |

（4）发放钥匙。上述手续完成后，客服人员查验入住登记表及已签署的"管理协议"及各项收费票据后向业主发放钥匙，并在"钥匙发放登记表"，如表3-5所示上登记，同时应和业主协定验收房屋的时间和方式。

表3-5　钥匙发放登记表

| 序号 | 房号 | 姓名 | 钥匙（把） | 签名 | 时间 | 备注 |
|------|------|------|------------|------|------|------|
| | | | | | | |
| | | | | | | |
| | | | | | | |
| | | | | | | |

（5）验收房屋。客服人员与业主一起验收其名下的物业，登记水、电、气表底数，双方在验收交接表上，如表3-6所示签字确认。验收过程中双方确认需维修的事项由客服人员通知相关部门处理。

### 表3-6　楼宇验收交接登记表

特别提示：门窗玻璃、地漏、插座电源、灯泡是否完好，请当场查验。并将结果填写好，将此表交回管理处。

| 房号： | | 业主名称： | | 编号： | | | |
|---|---|---|---|---|---|---|---|
| 户型： | | 面积： | | 钥匙： | | | |
| 验收项目 | | 验收时详细情况 | | | | | |
| | | 客厅 | 餐厅 | 卧1 | 卧2 | 卧3 | 卧4 | 厨房 | 卫生间 |
| 建筑工程 | 顶棚 | | | | | | | | |
| | 墙面 | | | | | | | | |
| | 地面 | | | | | | | | |
| | 门 | | | | | | | | |
| | 窗 | | | | | | | | |
| | 阳台 | | | | | | | | |
| 电器 | 电视插座 | | | | | | | | |
| | 照明灯 | | | | | | | | |
| | 开关 | | | | | | | | |
| | 插座 | | | | | | | | |
| 给排水及煤气 | 地漏 | 厨房 | 卫生间 | 洗手盆 | | 洗衣机 | | 前阳台 | 后阳台 |
| | | | | | | | | | |
| | 给排水管 | | | 排水管道 | | | | | |
| | 洗脸管道 | | | 厕所水箱 | | | | | |
| | 厕所坐便 | | | 煤气管道 | | | | | |
| | 煤气阀门 | | | 煤气表 | | | | | |
| | 水表底数 | | | 电表底数 | | | | | |
| 钥匙移交情况 | | | | 电表号码 | | | | | |
| 备注 | | | | | | | | | |

注：项目符合标准打"√"，否则打"×"；

本表格一式两份，管理处、业主各执一份。

业主签字：　　　　　　　　　　管理处验房人员签字：

　　　　　　　　　　　　　　　　　　　　年　　月　　日

### 3.办理集中入住的工作技巧

（1）疑问答复。业主在办理入住手续的过程中，可能会出现很多疑问，如有关房产证事宜、物业管理处情况、日常费用缴纳等。其中有些问题，客服人员若在前期准备工作当中与发展商之间已做了较好的沟通与培训，就可以很快向业主做出答复。

如果出现了事先准备工作中并没有涉及的问题时，客服人员不要急于给出答复以避免产生误导。为了应对这种情况的发生，物业管理处和发展商一般会委派专人负责联系沟通工作，在遇到涉及对方的问题而无法及时答复时，由双方专门负责人员快速沟通后再答复业主；双方沟通时要注意明确答复内容，避免产生歧义。

（2）收楼验房发现问题的处理。根据"入住手续书"和"入住须知"，业主在正式接管房屋之前，应由物业管理处派人带领业主验收其所购物业。要做好这一工作须做到如图3-3所示的三点。

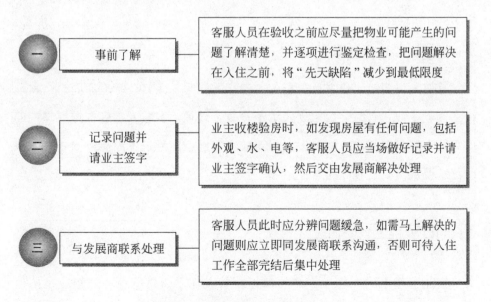

| 一 | 事前了解 | 客服人员在验收之前应尽量把物业可能产生的问题了解清楚，并逐项进行鉴定检查，把问题解决在入住之前，将"先天缺陷"减少到最低限度 |
| 二 | 记录问题并请业主签字 | 业主收楼验房时，如发现房屋有任何问题，包括外观、水、电等，客服人员应当场做好记录并请业主签字确认，然后交由发展商解决处理 |
| 三 | 与发展商联系处理 | 客服人员此时应分辨问题缓急，如需马上解决的问题则应立即同发展商联系沟通，否则可待入住工作全部完结后集中处理 |

图3-3　做好收楼验房工作的要点

## 三、零散入住服务

大部分业主会在集中入住期间办理好各种手续，但也有部分业主因为各种原因无法在规定时间内前来，因此，集中入住后还会有业主不定期地到物业管理处办理入住手续。

零散入住期间，客服人员应注意以下几个方面：

### 1.统一协调时间、地点

业主办理入住手续时，一般情况下都会首先到物业管理处咨询办理事宜。但按照正常程序，业主应该先到发展商处办理完相关手续后，才可到物业管理处继续办理。因此，当发现业主还没有到发展商处办理手续时，客服人员应对业主进行指导。因而，在零散入住期间，物业管理服务公司应与发展商协商好办理手续的时间、地点，双方最好能在统一的时间内办理；发展商的办公地点也要明确、固定，这样就便于客服人员为业主提供正确的指引。

### 2.明确固定的联系人

零散入住期间，业主也会有各种各样的疑问，尤其在验房后同样会发现很多问题，业主有时会要求尽快给予答复或处理。客服人员应根据所掌握的信息及实际情况及时答复业主，但若业主的问题需通过发展商方面才能解决时，就要及时和发展商沟通。

## 四、旧楼盘迁入服务

物业管理中的入住工作并非都指新楼入住，如果所管理的物业是旧楼盘，会面临一些新业主（用户）迁入的问题。

### 1.确认新业主（用户）

新业主（用户）分业主和租户两种情况，两者的提交资料情况不一样，具体如表3-7所示。

表3-7　新业主（用户）提交资料分类表

| 序号 | 业主（用户）类别 | | 提供资料 |
|---|---|---|---|
| 1 | 业主 | 产权证 | 产权属个人的，应提供身份证、联系电话、通信地址、房产证 |
| | | | 产权属公司的，应提供公司营业执照、法定代表人身份证、联系电话、通信地址、房产证 |
| 2 | 租户 | | 业主授权书、租约复印件、租户承诺书、营业执照、公司负责人、法定代表人身份证复印件、租户室内大件物品放行协议书等 |

### 2.收集新业主（用户）的信息

对新业主（用户）确认以后，客服人员一定要依物业管理处规定及物业项目收集新业主（用户）的信息，包括：

（1）业主授权书。

（2）租户承诺书。

（3）租约复印件。

（4）公司营业执照副本复印件。

（5）公司负责人、法定代表人身份证复印件（附签名及个人联系电话）。

（6）租户资料。

（7）租户单位防火责任人名单。

（8）出租屋主治安责任书及租住人员治安责任书。

（9）出租房屋治安管理许可证审批表（属出租房屋范畴的）。

物业管理企业在新业主（用户）入住时，应要求业主或租户提供产权证、租约、业主授权书、营业执照等证明。确认业主（用户）身份后，再办理其他手续，包括协助新业主（用户）填写表格文件、介绍服务项目和主要规章制度、协助新业主（用户）验收所租的物业等。同时，要建立用户档案，并妥善保管新业主（用户）各类资料，以备随时查阅。

### 3.介绍各项基本规章制度及表单

客服人员应详细解释物业管理处各项基本规章制度，包括：新业主（用户）室内装修规定、大件物品放行规定、管理费收缴规定、非办公时间出入登记规定、加班办公规定、室内配置消防用具规定等，以及各种表格（如物品放行条）的使用方法。

### 4.介绍物业管理处日常提供的服务

向新业主（用户）详细介绍物业管理处日常提供的服务内容。

（1）免费清洁服务，如每天一次室内清洁，每月一次室内大扫除，每季一次施药杀虫，每年一次洗地毯，每年两次清洗空调风机尘网等。

（2）日常文件及大批量文件复印、传真服务。

（3）提供便民工具、便民药品等。

（4）手推车借用服务。

（5）雨伞借用服务。

（6）会议室租用服务。

（7）办理大厦出入证等。

### 5.验房、迁入

（1）与工程部一起陪同新业主（用户）到房间验收，将验收结果记录在新业主（用户）室内设施检验记录表上。

（2）新业主（用户）确认电表读数、签收钥匙后，填写"业主（用户）收楼登记表"。

（3）依照新业主（用户）通知的办公时间，可以参照下列范本填写"新业主（用户）入通知"，发给物业管理处各部门，按生效日期提供服务。

**范本**

### 新业主（用户）迁入办公通知

由：客户服务中心　　　　　　　　致：管理处各部门

_____部：

_____室_____公司于____年____月____日起正式开始办公，请各部门从____月____日____时开始提供服务。

特此通知。

客服主管签名：

年　　月　　日

# 第二节　二次装修服务

二次装修是物业管理服务活动的一个重要阶段，做好物业装修管理对于保证物业管理水平、维护业主共同利益有着重要的作用。

## 一、装修手续办理

### 1.装修申请

业主（住户）的室内装修，须于装修入场前一周向客户服务中心书面申请"装修审批表"，并提交装修方案。装修方案包括以下资料：

（1）业主室内装修申请。

（2）施工队营业执照、承建资格证书。

（3）装修平面图。

（4）装修用料，如天花板、隔墙、地面等的用料。

（5）照明系统和电源布线图。

（6）给排水系统要求。

（7）需要新做或更改的中央设备系统。

（8）维修检查出口的位置。

（9）天花板平面设计图。

（10）各立面图。

（11）橱窗及招牌的设计（包括字体、店徽的设计）。

（12）装修施工责任承诺书。

### 2.审批装修方案

物业管理企业在收到业主（用户）的装修方案后一周内予以答复。对不合规范或资料不全的，业主（用户）按要求进行修改，并重新提交审批。装修施工审批表如表3-8所示。

表3-8　装修施工审批表

_____座_____层_____单元　　　　填报时间：

| 业主名称 | | | 装修期通信地址及电话 | | |
|---|---|---|---|---|---|
| 施工队 | 公司名称 | | 联系电话 | | 营业执照/承建资格证书/水电工专业资格证（附后） |
| | 管工姓名 | | 联系电话 | | |
| | 施工人数 | | 施工人员（含管工）身份证复印件及照片（附后） | | |
| | 工程预算 | | 施工时限 | | |
| 申请装修内容<br>（包括装修项目、范围、标准、时间、施工图纸等） | | | | 审核意见 | |
| | | | | 审核人：<br>　年　月　日 | |

续表

本住户和施工队保证装修内容不超过以上范围、标准，并按期完成，严格遵守"建筑装饰装修管理规定"及"阳光100住宅装修管理规定"。

住户签名：　　　　　　　　　　施工队负责人签名：

| 业主装修保证金 | | 施工队装修保证金 | | 收款人 | |
|---|---|---|---|---|---|
| 管理处初验意见 | | 验收人：<br><br>　　　　年　　　月　　　日 | | | |
| 管理处复验意见 | | 验收人：<br><br>　　　　年　　　月　　　日 | | | |
| 退还业主保证金 | | 退还施工队保证金 | | 退款人 | |
| 备注 | 1.装修工程完工，需经管理处验收，如无违章予以初验签字。初验签字满三个月后，管理处进行复验，如无漏、堵及违章，方可退还装修保证金；<br>2.本表一式三份，由业主、施工队、管理处各执一份。 | | | | |

### 3.办理装修手续

装修申请获得批准后，客服人员应提前一天通知业主（用户）和装修单位交费和办理相关证件，并负责带领装修单位一同到工程部办理有关手续，填写相关表格。

（1）填写"装修施工责任书"（见范本），对不肯承诺的，不得开工。

（2）填写"防火责任书"（见范本）。

（3）填写"临时动火作业申请表"（见范本）。

（4）填写"临时用电计划申请表"（见范本）。

（5）填写"临时用水计划申请表"（见范本）。

📖 **范本**

# 装修施工责任承诺书

### （施工单位填）

本人/本公司已收到_____物业管理处客户服务中心发给的"装修指南""装修管理规定"及各附件，现声明已详阅以上文件，已经明白并承诺遵守以上文件之所有规定，若有违反，愿接受大厦客户服务中心的任何处罚。

承诺在装修期间按审批的装修方案和图纸施工。

愿意在装修期间担任消防负责人，负责对进场装修的有关人员进行消防教育，并在装修施工过程中，严格遵守消防规定，采取有效的防范措施，并承担因装修而引发灾难所造成的一切后果。

特此承诺！

签署人：

身份证号码：

（单位盖章）

年　月　日

---

## 防火责任书

_____管理处：

本人愿意在_____装修期间，担任防火责任人，并严格做到：

1. 负责对进场装修的所有人员进行防火安全和工地管理制度的宣传教育，使施工人员提高安全意识，自觉遵守有关的安全操作规程和制度。

2.装修施工过程中，严格要求所有人员遵守消防法规的有关规定，确保施工安全。

3.采取有效的安全防范措施，避免火灾的发生。在施工作业现场每50平方米配备一个灭火器，施工现场应至少配备两个灭火器，并放置于明显、易拿的位置。

4.在施工过程中不大量使用易燃材料（易燃材料须做防火处理），注意装修材料合理堆放，装修垃圾及时清运，保证安全出口、疏散通道畅通无阻。

5.施工用电配施工专用的开关箱，开关箱内设漏电保护器，开关箱电源线采用橡胶电缆，装修过程中用电遵守操作规程，做到安全用电。

6.保护好大厦原有的消防设施，不发生意外情况，严禁动用消防器材；如需对装修户消防设施进行改动，必须经市府有关部门批准后方可施工。

7.如需明火作业，须经管理处批准后方可作业。作业时，就近配备足够的灭火器，并远离易燃、易爆材料及物品。

8.不在工地内使用电炉、电热棒等电热设施，不使用高瓦数照明灯，严禁使用煤气。

9.因施工需要使用碘钨灯、电焊机等，须经管理处批准后方可使用。

10.不擅自改动供电/智能化线路及其他预埋管线。

11.施工现场禁止吸烟，如有吸烟者按情节轻重承担相应的违约金。

12.凡因违反上述规定所发生的消防事故，由发生事故的施工单位、个人及雇请施工的业主（用户），按规定承担一切经济及法律责任。

装修施工单位：＿＿＿＿＿＿＿ 联系电话：＿＿＿＿＿＿＿＿＿

防火责任人：＿＿＿＿＿＿＿ 身份证号码：＿＿＿＿＿＿＿

年 月 日

# 临时动火申请表

| 装修地点 | | 装修单位 | | | 动火负责人 | |
|---|---|---|---|---|---|---|
| 动火部位 | | 动火起止时间 | 起： | | 动火器具 | |
| | | | 止： | | | |

| 动火作业安全措施 | 1.生活动火禁止使用的瓶装及管道煤气，禁止使用电炉、电热棒等电热设施 |
|---|---|
| | 2.动火作业人员必须严格遵守有关部门的操作规程和安全规定： |
| | （1）动火前做到"八不"，即：防火、灭火措施没落实不动火；周围杂物和易燃品未清除不动火；附近难以移动的易燃物未采取安全防范措施不动火；凡盛装过油类等易燃或可燃液体的容器、管道用后未清洗干净不动火；危险性未排除不动火；高空焊割作业时，未清除地面的可燃物品和采取相应防护措施不动火；未配备灭火器材或灭火器材不足时不动火；现场安全负责人不在场不动火 |
| | （2）动火中"四要"，即：现场安全负责人要坚守岗位；现场人员要加强观察，精心操作，发现不安全苗头时，立即停止动火；一旦发现火灾或爆炸事故要立即报警和组织扑救；动火作业人员要严格执行安全操作规程 |
| | （3）动火后"一清"，即：完成动火作业后，动火人员和现场责任人要彻底清理动火作业现场后才能离开 |
| | 3.使用碘钨灯，应做好安全措施，做到使用时有专人看管，人离灯灭 |

| 施工单位负责人意见 | |
|---|---|
| | 签名：_____ <br> ____年____月____日 |

| 装修巡查人员意见 | |
|---|---|
| | 签名：_____ <br> ____年____月____日 |

| 工程部主管意见 | |
|---|---|
| | 签名：_____ <br> ____年____月____日 |

# 临时用电计划申请表

| 用户名称 | | | | |
|---|---|---|---|---|
| 使用地点 | | 负责人 | | |
| 使用时间 | | 联系电话 | | |
| 用电理由 | | 用电负荷 | | |
| （以下由管理处填写） | | | | |
| 审批意见 | | | | 签名：_____<br>___年___月___日 |
| 临时用电线路检查意见 | | | | 签名：_____<br>___年___月___日 |
| 临时用电线路拆除 | 签名：_____<br>___年___月___日 | 用电量计量 | | |
| | | 电度表号 | | |
| | | 倍数 | | |
| | | 使用前读数 | | 度 |
| | | 使用后读数 | | 度 |
| | | 总用电量 | | 度 |

# 临时用水计划申请表

| 用户名称 | | | |
|---|---|---|---|
| 使用地点 | | 负责人 | |
| 使用时间 | | 联系电话 | |
| 用水理由 | | | |

（以下由管理处填写）

| | |
|---|---|
| 审批意见 | 签名：＿＿＿＿＿＿<br>＿＿＿年＿＿＿月＿＿＿日 |
| 临时用水管路检查意见 | 签名：＿＿＿＿＿＿<br>＿＿＿年＿＿＿月＿＿＿日 |
| 临时用水管路拆除 | 签名：＿＿＿＿＿＿<br>＿＿＿年＿＿＿月＿＿＿日 |

## 4.收取费用

（1）装修押金。对于是否应该收取装修押金，应按照购房人在买房时与开发商双方的约定为准，即按"房屋使用、管理维修公约"中的规定执行，许多城市的法律都没有明确的规定。但行内的做法是应收取押金。

因为实际工作中，确实有不少的装修工人在进行装修时，不考虑他人生活的方便、安全，也不顾及对建筑物、设施设备的保护，野蛮施工，随意抛掷垃圾，在不恰当的时间、地点进行施工等，引起了其他业主的极大不满。若收取了押金，物业管理人员如果发现在装修过程中出现损坏物业、破坏物业设施设备、给其他人造成生命、健康、财产方面的损失等情形时，可从这笔押金中支付。如果装修过程一切平安，没有出现上述情形，则可将收取的押金奉还。

（2）装修管理费。在业主（用户）装修过程中，物业管理企业要配合提供一些原始工程资料，上下协调各方面的关系（比如协调业主之间因装修干扰带来的纠纷；协调消防局、设计院等），又要对装修工人、装修材料、装修行为进行管理、监督，如纠正违章、进行电梯维护等，而这些工作会有人力、物力开支。也就是说，在装修管理中，物业管理企业不仅要投入大量人力、物力，而且更重要的是有一种无形的安全责任。所以可按公司规定酌情收取管理费，并应向业主、住户解释清楚。

> ❓ **小提示**
>
> 装修管理费是实际发生的管理而收取的费用，如果物业管理企业事实上没有参与对装修进行管理，或者业主没有装修，就不应该收取该费用。

### 5.办理入场手续

（1）办理证件。为方便在装修期间的管理，并使各用户和装修人员都能在有秩序的状态下作业，管理处对所有用户、装修人员及临时人员实行发证制度。客服人员负责指引用户和承办商办理以下证件。

① 装修许可证：缴纳装修押金后，由客户服务中心发给"装修许可证"。

**范本**

## 装修许可证

### 装修许可证

编号：

施工范围：_____小区____栋

施工项目：

1._____

2._____

3._____

施工期限：____年____月____日至____年____月____日

施工/消防责任人：_____　　　　联系电话：_____

发证单位：_____物业管理处

装修监管人：　　　　　　　　审批人：

发证时间：　　年　　月　　日

---

备注：1.施工单位取得本证后必须张挂于施工单位现场。

2.装修时间：上午8:00～12:00，下午14:00～18:00。

3.严禁超范围、超时限施工，否则按违章论处。

4.客户服务中心装修服务电话：×××××××××。

② 装修出入证：统一由管理处制作，贴持有人照片并加盖物业管理处公章后生效；注明与装修施工期限相同的有效期。

📖 **范本**

## 装修出入证

正面：

| | |
|---|---|
| **公司图标** | **××大厦管理处** |
| | **装修出入证** |

**××大厦管理处**
**装修出入证**
编号：

公司图标

照片

装修单位：_____
装修房号：_____
装修工姓名：_____
身份证号码：_____
有效期：____年____月____日至____年____月____日
请参阅背面装修须知

编号：

**装修出入证副证**

装修单位：_____
装修房号：_____
装修工姓名：_____
身份证号码：_____
有效期：____年____月____日
至____年____月____日

背面：

公司图标

**装修须知**

1.进入大厦的装修人员请佩戴此证。

2.进出大厦大堂（道口）时，请自觉存放或取走副证。

3.装修施工时间为上午8:00～12:00，14:00～18:00。

4.为减少噪声和污染，请关门施工。

5.禁止装修人员串栋串户和在大厦内徘徊，不得在大厦内留宿。

6.请自觉遵守大厦管理处的各项管理制度。

7.竣工后，请将主副证一并退还管理处，否则每证扣除10元。

（2）签订装修协议。签订"业主装修管理协议书"，签订"装修施工队协议书"。

■ 范本

# 装修协议书

## （业主）

甲方：×××物业管理处

乙方：××小区_____单元业主

为维护××小区广大业主的共同利益，严格遵守××小区设计规划的各项要求，营造安宁、舒适、优雅的居住环境，经甲、乙双方协商，达成如下协议：

### 第一条　甲方权利和业务

1.甲方依据"建筑装饰装修管理规定"和"××小区装修管理规定"及相关的装修管理制度，对××小区住宅装修实施统一管理。

2.甲方向乙方进行装修宣传，并提供免费装修咨询服务。

3.甲方对乙方提交的装修申报内容进行严格审批，提出审批意见，确保不出现违章现象。

4.甲方在乙方提出装修申报的三个工作日内审批完毕并给予答复，决定是否准予施工或向乙方说明不予审批的理由。

5.甲方在乙方装修完工后，按照有关装修管理规定进行装修验收，如无违章装修项目、损坏结构、渗漏、堵塞、影响外观等现象，并经过三个月工程保修期，无出现以上问题，退还全部押金（即装修保证金）。

6.甲方办理装修审批及负责装修监管的人员必须坚持原则，按章办事，不允许滥用职权或向乙方索取好处。

第二条　乙方的权利和义务

1.乙方有权选聘甲方推荐的装修施工单位或自聘有承建资格的装修施工单位。

2.乙方有权在装修管理规定允许的装修范围内，选择室内装修方案。

3.乙方提前三天到甲方指定地点办理装修申报，提供具体的装修项目、范围、标准、装修金额、时限、施工图纸及施工单位等资料，以便于甲方进行审批。

4.乙方有权对甲方的管理服务进行监督，对甲方违反"建筑装饰装修管理规定"的要求，乙方有权向甲方主管单位投诉。

5.乙方有义务按照"建筑装饰装修管理规定""××小区装修管理规定"的装修范围进行装修，不超出经甲方审批的装修范围，保证不出现违章。乙方向甲方提交装修保证金，共同维护公共楼道墙面、地面、电梯、大堂等公共设施的完好。

6.乙方在装修中按照"××小区电梯使用管理办法"使用电梯。

7.乙方配合甲方的装修审批、巡查、监管、验收工作。

第三条　违约责任

1.若乙方违反第二条中第3项，甲方有权拒绝乙方及施工单位进场装修。

2.若乙方违反第二条中第5项，甲方有权根据实际发生情况，采取说服、强制停水停电、责令恢复原状、没收工具、罚款及上诉法庭等纠错手段。

3.若乙方违反第二条第6、第7项，甲方有权采取责令停止施工或扣罚保证金等措施。

4.若甲方违反第一条第4、第5、第6项，甲方将视情节轻重，将对甲方的管理人员进行经济、行政处罚直到诉诸法律。

第四条 协议生效

本协议一式两份，经双方签字盖章后生效。附件一作为本协议的组成部分，均具同等法律效力。

甲方： 乙方：

甲方代表： 乙方代表：

联系地址： 联系地址：

联系电话： 联系电话：

年 月 日 年 月 日

## 二、装修过程监控

业主（用户）领取装修许可证即可办理施工人员出入证、材料运进等，装修工程便可开始。

为了确保装修的顺利进行，确保住户的生命、财产安全，管理处须安排客服人员加强巡视，加强对装修现场的监管，在定期巡查中纠正和阻止违规装修。

### 1.采取措施有效防止干扰

装修期间，对左右隔壁、上下楼层住户的工作和休息会产生影响。如果物业管理企业不采取有效措施，肯定会招致装修单元相邻住户的投诉和不满。为避免室内装修对邻居的干扰，应采取以下管理手法：

（1）装修前发通知给同一楼层及上下楼层住户，让他们有思想准备和采取一些预防措施，并敬请谅解。

（2）在业主（用户）提交装修申请时，提醒业主（用户）聘请信誉好、实力强、人员精的装修公司，并尽量缩短工期。

（3）对业主（用户）和装修公司进行必要的培训，解释装修程序和有关管理规定，避免他们因事先不知而产生各种影响他们工作或休息的装修工程。

（4）将"装修注意事项"贴在装修单元的大门上，提醒装修人员文明施工。

（5）对住宅楼，严禁在夜晚、周末等时间装修；对商业大厦，白天上班时间只允许一些不产生噪声及油漆味的装修，将发出较大噪声如电锯声等工序安排在非办公时间进行，并严禁装修时开启空调。

（6）施工人员必须办施工证或出入证方可进场施工，施工人员不得从事与施工无关的各种活动。

（7）加强对装修单元的监管，及时听取邻居意见，对违规施工人员视其情节轻重分别给予口头或书面警告、停止装修、暂扣装修工具、责令赔偿损失等处罚。

**❓ 小提示**

业主（用户）领取装修许可证即可办理施工人员出入证、材料运进等，装修工程便可开始。为了确保装修的顺利进行，确保业主（用户）的生命、财产安全，管理处须安排人员加强巡视，加强对装修现场的监管，在定期巡查中纠正和阻止违规装修。

**2.装修现场定期巡查**

装修现场，要求业主（用户）将"室内装修批准书"和"室内装修注意事项"张贴于门上，便于物业客服人员检核和提醒装修人员安全施工。同时，物业客服人员须按规定对装修现场进行巡查。

在进入新装修现场前应仔细查看图纸及审批文件，做到心中有数。进入装修现场后，应按审批内容逐项检查，并应注意表3-9所列的各项内容。

表3-9　　装修现场巡查内容

| 序号 | 项目 | 巡查内容 |
|---|---|---|
| 1 | 隔墙材料 | 用防水材料或空心砖、轻体墙等（木器必须按规范涂上市消防局认可的防火漆） |
| 2 | 天花板材料 | 用防水材料或防火处理 |
| 3 | 电气线路改动 | 需套PVC管，配电箱内空气开关型号、位置是否正确，出线线径是否合理等 |
| 4 | 地面 | 检查该业主（用户）有否在允许范围内对地面进行改动，如洗手间、厨房等地面改动，必须按规范做好地面防水处理，并通知管理处有关人员进行检查 |
| 5 | 墙面 | 墙面以瓷砖或涂料为主。如贴墙纸则必须是阻燃墙纸 |
| 6 | 给排水管道 | 给排水管道如有改动，需检查其是否照图施工，材料质量是否符合国家标准，接口部分是否漏水，是否损坏主管及原有管道 |
| 7 | 空调安装 | 检查主机是否在指定位置安装，地脚螺栓需加装防震垫片，空调排水不能直接排至户外，需利用厨房、洗手间或阳台地漏排水，主机如需挂墙或搭架安装，需用不锈钢材料 |
| 8 | 大门（进户门） | 如更换大门，需提供乙级防火门证明，否则不准更换 |
| 9 | 窗户防盗网（栏） | 按要求设置防盗网（栏） |
| 10 | 外露平台 | 外露平台如有装修，需查明是否得到管理处批准 |

💼 案例赏析

## 巡查工地惹来的纠纷

某小区物业管理处规定，装修户在每天装修施工期间不得将入户门关闭，以便装修管理人员随时检查。一天，管理处工作人员在例行巡查过程中，见一装修户房门虚掩未锁，内有施工的声音，于是推门而入。发现装修工人在满是易燃物的施工现场吸烟，并且没有按规定配备必要的消防器材。于是装修管理人员勒令工人立即熄灭香烟并暂停施工，同时通知保安人员将装修施工负责人带到管理处接受处理。不久，业主知道了此事。遂投诉管理处工作人员在未经业主同意的情况下私闯民宅，并且非法滞留施工人员，侵犯业主和装修施工人的合法权益。同时表示将诉诸公堂。另外，该户业主未签署"装修管理服务协议"，管理处认为施工单位违反了该小区装修安全管理规定，要对其做出相应的处罚。

【点评】

在本案例中，物业管理处之所以被业主投诉，是在装修管理的前期工作没有做好。因为业主并未签署"装修管理服务协议"，自然也不知道管理处有关装修管理的规定，如不得将入户门关闭，以方便管理处随时检查。其实，管理处工作人员入户巡查是非常必要的，因为如不入户巡查，又怎能查出安全隐患呢，所以，业主所谓的私闯民宅的说法是不合理的。关键是管理处在装修审批的时候要与业主签好合同，同时要就违章装修的规定尽告知义务。

### 3.装修违规及时处理

客服人员在巡查中发现任何违章工程必须尽快记录下来或拍照存档（如有需要），及汇报上司做进一步行动。当然，首先要了解违规装修的形式及应对措施。

（1）违规装修的形式。业主（用户）违规装修一般有以下的表现形式。

——擅自开工。

——乱拉电线、超负荷用电。

——随意改变窗台、窗框、玻璃等的颜色、格调。

——随意拆改墙体。

——在承重墙、梁、柱上打孔、削薄、挖。

——私自增加线路负荷。

——随意改动上下水管、电线（开关盒）。

——私自开凿楼面层。

——擅自占用公共通道、天台、屋面。

——擅自在室外加装灯。

——擅自移动消防设施。

——使用消防违禁用品。

——擅自动火作业。

——铺装过重的地板材料。

——随意丢弃装修垃圾，利用公共部位、场地加工装修材料。

——随意向窗外抛扔物品。

——随意使用电梯运送装修材料（散装料和超长重料）。

——冲洗地面时将水冲进电梯，破坏电梯装饰。

——不按规定要求、时间施工。

——夜间在工地中留宿。

——不按规定配置灭火器。

——在装修施工现场，施工人员吸烟等。

（2）应对措施。为了保证物业及住户人身财产安全，加强对住户室内装修的管理，对住户的违规装修视情节轻重可采取如下措施：

① 口头或书面警告。

② 停止违规装修。

③ 责令恢复原状。

④ 停水停电。

⑤ 责令赔偿（损坏公共管理利益）经济损失。

（3）发出违章通知并将处理结果记录下来。对于重大的违规应向装修公司发出违章通知（见表3-10），并及时通知业主或住户，要求及时进行整改，并将违规事项及处理情况都记录下来（见表3-11）。

表3-10 违章通知单

**违章通知单**

N0：

_____：

经查实，您（单位）从事_____行为，违反规定，现管理处勒令：

1.请立即停止上述行为。

2.限期____天恢复或_____处理好。

3.赔偿经济损失_____元（人民币）。

4.没收_____。

5._____。

限于____天内到_____接受处理，逾期加倍处罚，并按规定强制执行。

若有疑问或异议，请于____年____月前到_____查询或复议。

检查人员：                证号：

管理处

年    月    日

表3-11 室内装修违规记录表

年 月 日

| 房号 | | 装修公司名称 | |
|---|---|---|---|
| 装修负责人 | | 联系电话 | |
| 用户负责人 | | 联系电话 | |
| 序号 | 违规事项 | 发现违规画√ | 违规金额（元） |
| 1 | 施工人员出入大厦不佩戴出入证 | | |
| 2 | 施工现场未配备应有消防器材 | | |
| 3 | 使用化学药水气味影响周围用户 | | |
| 4 | 装修粉层影响周围用户 | | |
| 5 | 不按规定清运淤泥 | | |
| 6 | 在现场抽烟 | | |
| 7 | 违规使用电梯 | | |
| 8 | 装修噪声影响周围用户 | | |
| 9 | 在茶水间、厕所乱倒污染物 | | |
| 10 | 现场未封闭空调 | | |
| 11 | 开门施工影响周围卫生 | | |
| 12 | 盗用电力 | | |
| 13 | 损坏大厦设施 | | |
| 14 | 盗用大厦物品 | | |
| 15 | 超越物业公司批准之权限装修 | | |
| ... | | | |

装修公司签认： 物业管理公司签名：

# 三、装修完工验收

## 1.装修验收的分类

装修工程完工后，业主（用户）应书面通知管理处验收。客服人员检查装修工程是否符合装修方案的要求，施工中有没有违反装修守则，费用有否缴足等。如无问题，即予验收通过，退还装修保证金。装修验收可分为表3-12所示的类别。

表3-12　装修验收的类别

| 序号 | 类别 | 具体说明 |
| --- | --- | --- |
| 1 | 初验 | 当装修户所有装修工程施工完毕后，即可申请初验 |
| 2 | 正式验收 | 初验时提出问题得到整改后，业主（用户）提前一周时间通知客户服务中心，在通知的第二周内安排进行正式验收 |
| 3 | 特殊情况 | 若装修量小，项目简单，并且不涉及改造的，由物业管理管理处认可初验和正式验收一次进行 |

## 2.装修验收的要求

（1）对业主（用户）从事装修时有违章行为，没得到整改或纠正前，不能进行验收。

（2）对初验中存在的问题必须得到彻底的整改，如在正式验收中发现仍不合格者，将不进行验收并处以相应的处罚。

（3）业主（用户）和装修单位申请正式验收后，客服人员应收回"装修出入证"存档；对遗失的证件扣除"装修出入证"押金。

## 3.验收合格后的事务处理

正式验收合格后，客服人员负责收回各类施工人员的"装修出入证"，对遗失的证件扣除证件押金。

正式验收合格后，"装修验收表"的"正式验收情况"栏内登记验收情况。工程部在"装修申请表"内"完工验收"栏目签署"验收合格，签署姓名及日期"，并在其装修押金的收据上签署装修验收合格证明。

装修单位在正式验收合格的当日进行清场。

正式验收合格后，三个月内没有出现结构和安全问题，业主（用户）和装修单位凭已签署验收合格意见的收据到管理处财务部办理装修施工单位的"装修押金""水、电押金"的退款手续。

### 4.装修验收程序

装修验收程序如图3-4所示，装修验收表如表3-13所示。

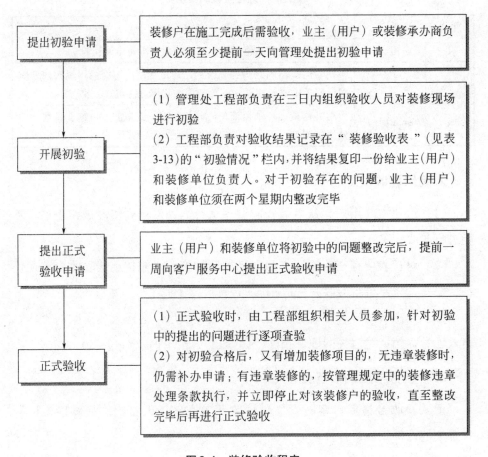

**图3-4 装修验收程序**

表3-13 装修验收表

物业名称：

| 装修地点 | | 建筑面积（平方米） | |
|---|---|---|---|
| 装修负责人 | | 联系电话 | |
| 装修单位 | | | |
| 初验情况 | <br><br><br><br><br>装修主管：　　　　　时间： | | |
| 整改情况 | <br><br><br><br><br>验证人：　　　　　时间： | | |
| 正式验收情况 | <br><br><br><br><br>装修主管：　　　　　时间： | | |
| 施工用电量 | 使用前读数：_____度 | 使用后读数：_____度 | |
| | 倍率：_____ | 总用电量：_____度 | |
| 装修出入证 | 办证数量：_____个 | 退证数量：_____个 | |
| 备注 | <br><br><br><br><br><br> | | |

📑 **知识拓展**

## 二次装修查验的技巧

**1.门**

检查锁舌与锁鼻是否对位，钥匙转动是否方便。门与门框的间隙是否适中，还要留意门与地之间，是否预留出地面装饰的缝隙。

**2.窗**

窗最怕渗水，一下雨，雨水可能顺着窗缝流得到处都是。所以检查时一定要细看窗的缝隙，如缝堵得严不严、条压得平不平等。

**3.座厕**

如果水箱渗水，则容易出现锈迹。水箱应是节能型的，因马桶冲洗最为费水。

**4.地漏**

检查地漏时不妨在卫生间放点水观察一下地漏是否畅通。

**5.橱柜**

检查橱柜时开关橱柜柜门，看看是否方便；还要看看开门后，行人通道是否顺畅；橱柜高度是否便于取存物品。

**6.不锈钢洗手盆**

有些楼房使用的是不锈钢洗手盆，这种盆的下水管如果漏水，肉眼不易看到，但可以用手顺着管子摸一下，如干爽就可以了；还可用手轻摸查看水龙头表面有否渗水。

**7.电**

电的施工从表面看似乎事情不多，但许多潜在的问题却为业主（用户）今后的生活、工作留下隐患，常见的问题主要有：配电线路的断路短路、电视信号微弱、电话接收干扰等；除此之外，还要检查是否有以下问题：

（1）装修公司为降低成本而偷工减料，做隐蔽处理的线路没有套管。

（2）线路接头过多及接头处理不当。有些线路过长，电工操作时会产生一些接头，如对接头的打线、绝缘及防潮处理不好，就会发生断路、短路等现象。

（3）做好的线路受到后续施工的破坏，如墙壁线路被电锤打断、铺装地板时气钉枪打穿了PVC线管或护套线等。

（4）各种不同线路走同一线管，如把电视天线、电话线和配电线穿入同一套管，使电视、电话接收受到干扰。

（5）配电线路未考虑不同规格的电线有不同的额定电流，"小马拉大车"造成线路长期超负荷工作。

8.水暖

在查验装修工程时，要重点关注以下水暖方面的问题：

（1）水流小。施工时，为了把整个线路连接起来，要在锯好的水管上套螺纹，如果螺纹过长，在连接时水管旋入管件（如弯头）过深，就会造成水流截面变小，水流也就小了。

（2）水管漏水。如果水管及管体本身没有质量问题，那么要注意冷水管和热水管有可能漏水。冷水管漏水一般是水管和管件连接时密封没有做好；热水管漏水除密封没有做好外，还可能是密封材料选用不当。

（3）马桶冲水时溢水。安装马桶时底座凹槽部位没有用油腻子密封，冲水时就会从底座与地面之间的缝隙溢出污水。

（4）面盆下水返异味。装修完工的卫生间，面盆位置经常会移到与下水入口相错的地方，买面盆时配带的下水管往往难以直接使用。安装工人为图省事，一般又不做S弯，造成洗面盆与下水管道的直通，异味就会从下水道返上来。

（5）软管爆裂。连接主管到洁具的管路大多使用蛇形软管。如果软管质量低劣或水暖工安装时把软管拧得紧，使用不长时间就会使软管爆裂。

在具体实施时可将房屋装修验收的要点、技巧、设计成一张如下表所示的简易表格，并应用于实际工作中。

**房屋装修验收表**

| 序号 | 项目 | 验收检查内容 | 检查结果 |
|---|---|---|---|
| 1 | 门 | （1）门的开启关闭是否顺畅？<br>（2）门插是否插入得太少，门间隙是否太大？（特别是门锁的一边）<br>（3）门四边是否紧贴门框，门开关时有无特别声音？<br>（4）大门、房门的插销、门销是否太长太紧？ | |
| 2 | 窗 | （1）窗边与混凝土接口有无缝隙？窗框属易撞击处，框墙接缝处一定要密实，不能有缝隙<br>（2）开关窗户是否太紧？开启关闭是否顺畅？<br>（3）窗户玻璃是否完好？<br>（4）窗台下面有无水渍？如有则可能是窗户漏水 | |
| 3 | 地板 | （1）地板有无松动、爆裂、撞凹？行走时是否吱吱作响？<br>（2）地板间隙是否太大？<br>（3）木地板有无大片黑色水渍？<br>（4）地脚线接口是否妥当，有无松动？<br>（5）地面是否有裂缝，是否有起砂现象？ | |
| 4 | 顶棚 | （1）顶上是否有裂缝？没有裂缝最好，有裂缝得看是什么样的裂缝。一般来说，与房间横梁平行的裂缝，属质量通病，需进一步检测；如果裂缝与墙角呈45°斜角，甚至与横梁呈垂直状态，那么就说明房屋沉降严重，该住宅有严重结构性质量问题<br>（2）看顶部是否有麻点<br>（3）顶棚有无水渍、裂痕？<br>（4）特别留意厕所顶棚是否有油漆脱落或霉菌生长<br>（5）墙身顶棚有无部分隆起，用木棍敲一下有无空声？ | |

续表

| 序号 | 项目 | 验收检查内容 | 检查结果 |
|------|------|------|------|
| 4 | 顶棚 | （6）墙身、顶棚楼板有无特别倾斜、弯曲、起浪，隆起或凹陷的地方？<br>（7）墙身、墙角接位有无水渍、裂痕？<br>（8）内墙墙面上是否有石灰爆点？ | |
| 5 | 厨房、厕所 | （1）厕、浴具有无裂痕？包括浴缸、抽水马桶、洗脸池等是否有渗漏现象。裂痕有时细如毛发，要仔细观察<br>（2）坐厕下水是否顺畅，冲水声响是否正常，冲厕水箱有无漏水声？<br>（3）浴缸、面盆与墙或柜的接口处防水是否妥当？<br>（4）厨房瓷砖、马赛克有无疏松脱落及凹凸不平？厨房、卫生间墙面瓷砖砌筑是否合格，砖块不能有裂痕，不能空鼓，必须砌实<br>（5）砖缝有无渗水现象？<br>（6）厨具、瓷砖及下水管上有无粘上水泥尚未清洗？<br>（7）水池龙头是否妥当，下水是否顺畅？<br>（8）卫生、厨房内有否地漏，坡度是否对头，绝不能往门口处倾斜，不然水要流进居室内。<br>（9）出水是否通畅，会不会出水口内留有较多的建筑垃圾？<br>（10）房间底下的邻居家是否漏水？ | |

# 第三节　咨询接待服务

前台接待是物业客服部的服务窗口，保持信息渠道畅通，调度和协调各部门工作，是前台接待的主要职责。客服人员是展现企业形象的第一人，一言一行都代表着企业，因此要重视业主（用户）的咨询接待工作。

# 一、咨询服务的准备

客户服务中心往往会接到业主、住户的各种咨询电话，为了给客户提供管理区域内吃、住、行、游、娱、购等信息，宣传物业管理相关法律法规，满足客户对管理对象和物业管理活动等知情权的需求，客服人员应勤加搜集信息。这些信息包括如下。

### 1.物业的基本情况

（1）占地面积、总建筑面积、绿化面积、容积率、绿化率、栋数、每栋层数、车位数量。

（2）总户数、总人数、已入伙户数、常住户数。

（3）物业管理费、本体维修基金收取标准；水、电、气、空调、有线电视、电话、宽带网收费标准。

（4）匪警、火警、急救、液化气抢修、水电抢修、有线电视、电话维修，管理处、派出所、宽带网维护、投诉，管理处主管级以上人员电话。

（5）入住二次装修、开放行条、车位办理、入住等需携带物品、办理程序。

### 2.房屋设施设备及配套情况

（1）物业所在小区建设相配套的供水、供电、供热、燃气、通信、电视系统、道路、绿化等设施。

（2）物业所在小区建设相配套的停车设施、娱乐设施及教育、商业、饮食等各种公共建筑。

### 3.周边信息

（1）当地主要的风土人情、生活习惯、爱好、禁忌等。

（2）国内、国际航班、火车、汽车在当地抵离时间、票价。

（3）周边主要配套设施的服务内容和电话号码，营业时间。如电影院、音乐厅、戏院、展览馆、医院、银行、商场、体育设施、学校等。

（4）当地政府部门、公安、城管、供电局、水务局、煤气、有线电视、电话、宽带网等的运作情况；当地著名的游览胜地的特色、名称和抵达方法；了解当天天气预报、空气质量及其他公共信息项目。

**4.客户容易产生误解及常用疑难问题**

可以在客户服务中心预备以下相应的资料。

（1）各种交通工具的时刻表、价目表、里程表，世界地图、全国地图、全省和本市地图。

（2）旅游部门出版的介绍本国各风景名胜的宣传册，本公司和所属集团的宣传册。

（3）全国、全省、本市的电话号码簿及邮政编码簿，交通部门关于购票、退票的详细规定，当日报纸、企业报。

除了以上信息外，客服人员还应了解物业管理处的运作体系以及物业管理相关法律、法规知识。

# 二、咨询接待

## 1.咨询接待要求

遇到业主、住户来电或来办公室咨询，客服人员都应给予热情接待，主动询问，面带微笑，不得刁难，不得推诿，并做到对熟人、陌生人一个样，对大人小孩一个样，忙时闲时一个样。

## 2.业主（用户）咨询服务流程

业主（用户）咨询服务流程如图3-5所示。

（1）接待咨询时要注意持良好的态度，不得粗暴对待业主（用户）。

（2）回复业主（用户）时要迅速，不要让其等待时间过长。

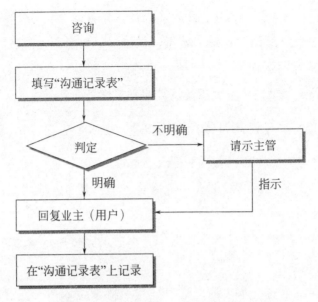

**图3-5 业主（用户）咨询服务流程**

## 三、来访接待

### 1.来访接待礼仪基本程序

来访接待礼仪基本程序如图3-6所示。

### 2.来访引见

到来的客人要与领导见面，通常由客服人员引见、介绍。引见时要注意如图3-7所示的事项。

## 四、维修服务接待

### 1.维修服务接待要求

维修服务接待要求具体如表3-14所示。

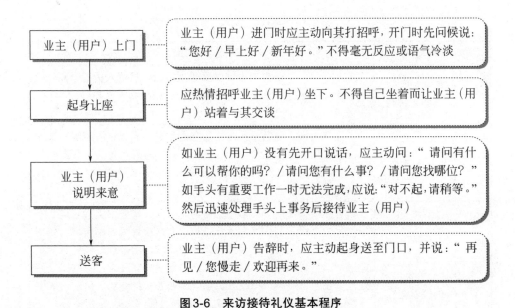

**业主（用户）上门** —— 业主（用户）进门时应主动向其打招呼，开门时先问候说："您好／早上好／新年好。"不得毫无反应或语气冷淡

**起身让座** —— 应热情招呼业主（用户）坐下。不得自己坐着而让业主（用户）站着与其交谈

**业主（用户）说明来意** —— 如业主（用户）没有先开口说话，应主动问："请问有什么可以帮你的吗？／请问您有什么事？／请问您找哪位？"如手头有重要工作一时无法完成，应说："对不起，请稍等。"然后迅速处理手头上事务后接待业主（用户）

**送客** —— 业主（用户）告辞时，应主动起身送至门口，并说："再见／您慢走／欢迎再来。"

**图3-6　来访接待礼仪基本程序**

**事项一** 在引导客人去领导办公室的路途中，工作人员要走在客人左前方数步远的位置，忌把背影留给客人

**事项二** 在陪同客人去见领导的这段时间内，不要只顾闷头走路，可以随机讲一些得体的话或介绍一下本物业的大概情况

**事项三** 在进领导办公室之前，要先轻轻叩门，得到允许后方可进入，切不可贸然闯入，叩门时应用手指关节轻叩，不可用力拍打

**事项四** 进入房间后，应先向领导点头致意，再把客人介绍给领导，介绍时要注意措辞，应用手示意，但不可用手指着对方
介绍的顺序一般是把身份低、年纪轻的介绍给身份高、年纪大的；把男同志介绍给女同志；如果有好几位客人同时来访，就要按照职务的高低，按顺序介绍

**事项五** 介绍完毕走出房间时应自然、大方，保持较好的行姿，出门后应回身轻轻把门带上

**图3-7　来访引见的注意事项**

表3-14 维修服务接待要求

| 序号 | 要求 | 详细说明 |
|------|------|----------|
| 1 | 业主（用户）亲自来报修 | 业主（用户）前来申报维修服务项目时，接待人员应起立、微笑，主动招呼："您好，请问我能为您做些什么？"并填写"维修服务单" |
| 2 | 电话报修 | 业主（用户）电话申报维修服务项目时，当电话铃声响三次前应立即接听电话，并作礼仪应答，"您好，请问我能为您做些什么？"客服人员边接听电话，应边做记录，接听电话将结束时，应待其先说"再见"后，方可应答"再见" |
| 3 | 区分维修内容的轻重缓急 | （1）在业主（用户）申报维修时，客服人员要根据其态度判断所申报的项目是否应列为紧急项目。有些虽然可以不需马上处理而另约时间，但若业主（用户）强烈要求马上处理，则要尊重其意愿，即刻与维修部门联系处理，尽量满足其要求；有的需立即处理，如水管爆裂、夜晚开关熔丝烧断等，给业主（用户）的生活带来很大不便甚至损害，则应立即与维修部门联系处理<br>（2）在紧急情况下，申报人可能表达不清，这时，客服人员要用语言如"别着急""别担心，我们会马上为您处理的！"等安慰申报人，尽量使之平静下来，同时，尽量加快做记录的速度 |
| 4 | 区分无偿维修与有偿维修 | （1）管理处为业主（用户）提供的维修服务项目中，有些并不属于物业管理的责任范围，所以其材料、人工等成本费用需由业主（用户）承担。一般情况下，管理处会为业主（用户）提供的服务项目资料中标明哪些项目属于无偿服务，哪些属于有偿服务<br>（2）实际工作中工程维修人员往往不会记得，所以，当业主（用户）申报时，客服人员应判断是否属于有偿维修项目，如果是，则应明确地将相关规定与价格向业主（用户）作出提示，得到他们的认可后，再商定维修的具体事宜 |

❓ 小提示

客服人员在服务过程中，可能会出现业主（用户）不认可，甚至责骂客服人员或物业管理的情况，这时，客服人员应尽量不与其发生任何正面的冲突，而始终保持平静的心态，耐心地劝导业主（用户），直至问题得到圆满的解决。

## 2.详细记录

业主（用户）申报维修时，客服人员按业主（用户）姓名、住址、电话、申报维修服务内容、预约上门日期、时间等逐项填写"请修登记表"，同时同业主（用户）约定上门检查时间及上门维修时间。

在记录时，应主动询问以上全部所需内容，即使有些业主（用户）因情况紧急而耐心不足，也该尽量在最短的时间内问询到这些资料，避免因遗漏任何项目而给后面的维修工作造成不便。

## 3.通知工程部

客服人员在"请修流程单"填写好业主（用户）相关请修信息后，须在短时间内将之转交给工程主管或工程主管指定的负责人（如班长），通知其安排修理。

## 4.服务跟踪

（1）客服人员对比较复杂的维修要跟进、督促，并将"请修流程单"存档。

（2）客服人员按回访规定的时间及时进行回访，回访情况记录在如表3-15所示的"请修登记表"上相应的回访栏上，请修回访率为30%。

表3-15　请修登记表

| 日期 | 受理时间 | 业主（用户）姓名、联系电话及地址 | 请修内容 | 预约时间 | 流程单号 | 完成时间 | 维修结果 | 回访时间 | 回访结果 |
|---|---|---|---|---|---|---|---|---|---|
|  |  |  |  |  |  |  |  |  |  |
|  |  |  |  |  |  |  |  |  |  |
|  |  |  |  |  |  |  |  |  |  |
|  |  |  |  |  |  |  |  |  |  |
|  |  |  |  |  |  |  |  |  |  |

### 5.业主（用户）请修接待工作流程

业主（用户）请修接待工作流程如图3-8所示。

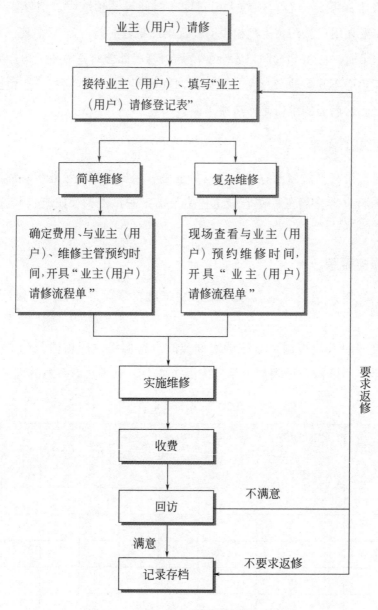

**图3-8 业主（用户）请修接待工作流程**

▤ 知识拓展

# 日常报修的范畴

## 1. 中修

中修是指不到大修范围和程度，而小修又不能解决的单项修理。修理费用较高、工程量较大、修理周期较长的一般都列入中修的修理范围。如：屋面局部漏水，个别楼层卫生间、厨房间、管道、马桶、面盆、水斗漏水，墙面损坏、渗水，上下管道局部堵塞等。中修要进行预、结算，完工后要进行验收，并需有一定的审批手续。

## 2. 小修

小修是指修复小坏小损，以保持原来房屋完整程度的日常养护。私人住宅的小修包括下表所示的范畴。

**小修的范畴**

| 类别 | 报修内容 |
| --- | --- |
| 电器方面 | 熔断丝、瓷插座插头、空气开关、漏气开关、电源插头座、各种灯头、灯座、灯泡、灯管、线路的故障和更换 |
| 给排水方面 | （1）各种龙头失灵故障<br>（2）各种水闸渗油和损坏<br>（3）上下水道堵塞不畅<br>（4）各种配件失灵和损坏<br>（5）上下水管漏，水表故障 |
| 配套设备方面 | （1）热水器的保养和维修［整机报废，业主（用户）自行购置或代购更换］<br>（2）脱排油烟机保养和维修［整机报废，业主（用户）自行购置或代购更换］ |

续表

| 类别 | 报修内容 |
|------|---------|
| 门窗、小面积的地板及内墙方面 | （1）木质门窗和铝合金门窗的修理<br>（2）小面积木质地板的修理和更换<br>（3）少量面砖、地砖、瓷砖损坏的更换等<br>（4）修配、更换及开启各种门锁 |
| 其他日常修理服务 | 消防设施的报修，门窗、地砖的报修，电表箱、电话箱、总水闸的报修，电子门的报修等 |

# 第四节　费用催缴服务

## 一、拖欠费用的种类

物业管理区域内，业主（用户）可能会拖欠的费用包括应交的管理服务费、水电费、本体维修基金、车场场地使用费等。

## 二、催缴工作要求

（1）当上月费用被拖欠时，客服人员可以参照下例范本规范填写"费用催缴通知单"，并分发给收费员，由收费员发放到各欠费的业主（用户）家，上门服务礼貌。

（2）第二个月费用仍被拖欠时，第三个月再次发放，并限三天内缴清费用。三天过后仍未缴清者可根据供电局或自来水公司的要求停止其水电供应。

📖 **范本**

**费用催缴通知单**

尊敬的_____业主（用户）：

您户（单位）_____月份应付各项费用人民币_____元。因您所提供的账户上存款不足，我公司迄今无法收到您户（单位）应缴费用，请您户（单位）接到此通知后，于____年____月____日前到管理处客户服务中心缴纳，谢谢合作！

特此通知

查询电话：_____

管理处签章：

年　　月　　日

（3）对欠费大户，物业管理处主任、客服主管、收费员等应亲自登门拜访，并做解释和劝导工作。上门拜访时应有书面的欠费说明及费用明细表（见表3-16），一式两份，需欠费业主（用户）签字认可，各持一份。

**表3-16　物业服务费欠费明细表**

管理处：　　　　　　　　　编号：　　　　　　　　　年　　月

| 序号 | 路名/楼号/房号 | 欠费金额 | 欠费时段 | 欠费原因 | 已催缴形式 |
|---|---|---|---|---|---|
|  |  |  |  |  |  |
|  |  |  |  |  |  |
|  |  |  |  |  |  |
|  |  |  |  |  |  |
|  |  |  |  |  |  |

注：本表每月____日上班前交管理处主任。

（4）若业主（用户）长期拖欠至一年，可依据物业管理相关法律法规对其起诉，用法律手段强制收回。

（5）对确有困难者，可延期1～2个月。

---

💼 **案例赏析**

### 物业管理处成功追回拖欠的管理费

　　某公司入伙某商城后，便不按时缴纳管理费，甚至把缴纳管理费作为与有关方面交涉的筹码，作为达到某种目的的交换条件。一年后，已累计欠费达35万元之多。期间，管理处有关人员无数次上门催缴未果。

　　为了解决这一问题，该商城管理处收费员一方面主动与有关方面保持联系，帮助全面反映该公司的意见和要求，以取得其对管理处工作的信任和认可；另一方面盯住平时难得一见的该公司老板，频频征求意见并反映管理处的经济困难，以求得携手维护物业正常运行的共识。在赢得了该公司理解和信任的基础上，管理处提出了适当减免滞纳金、分期付款等有利于促成该公司尽快缴清拖欠管理费的优惠条件。最后双方达成了一致，自约定之日起分10期，每月3万余元，随当月管理费一同缴纳拖欠的费用。10个月后，该公司拖欠的管理费已全部缴清。

---

## 三、停车费的催缴

（1）物业客户服务中心收款员每月检查停车费的缴纳情况，列出停车费到期的车辆及车主清单交保安主管，由保安主管安排保安员口头通知车主，请车主至客户服务中心交费。

（2）对于未交停车费已超过两星期的车主，由客户服务中心参照下例范本填写书面的"车位使用催缴通知单"，由保安员通知车主。

📓 **范本**

### 车位使用费催缴通知单

尊敬的＿＿＿＿＿业主（用户）：

　　您户（单位）的牌号为＿＿＿＿车辆的车位使用费已于＿＿＿年＿＿＿月＿＿＿日到期，请您于＿＿＿年＿＿＿月＿＿＿日至管理处客户服务中心缴纳。谢谢合作！

　　特此通知

　　查询电话：＿＿＿＿＿＿＿＿＿

　　　　　　　　　　　　　　　　　管理处签章：

　　　　　　　　　　　　　　　　　　年　　月　　日

# 第五节　社区文化建设

　　社区文化工作是物业管理处为业主（用户）提供的一项重要的增值服务。一个物业所管理的小区如果拥有良好的生活方式、文化氛围和文化底蕴，将会使该物业的品牌知名度和品牌美誉度得到更进一步的提升，给物业注入一种强大的文化内涵。

## 一、社区文化需求的调研

　　社区文化活动应该百花齐放，满足不同层次业主（用户）的兴趣爱好，兼顾不同类型的文化品位。这就要求客服人员充分做好社区文化调查工作，真正摸清业主（用户）在想什么，需要得到什么样的文化服务，愿意参加怎样的社区文化活动。

需求调研是策划的第一步。即先了解所辖物业区域内业主（用户）对社区文化活动的需求。至于社区文化活动的需求调研方法与其他延伸服务的方法相同，可以利用业主（用户）调查问卷或相关分析等办法来进行。

## 二、社区文化的宣传

客服人员可以运用如表3-17所示的措施和手段来实施社区文化宣传。

表3-17　开展社区文化宣传的措施和手段

| 序号 | 措施/手段 | 运用举例说明 |
|------|-----------|--------------|
| 1 | 宣传栏、告示栏 | 物业管理企业每月将出版一期宣传栏，宣传以上所述相关内容，宣传栏将以图文并茂，生动活泼的形式展现在业主的眼前<br>每栋大厦入口处都将设置告示栏，将一些业主委员会的通知、物业管理企业的通知、提示等及时通告给业主，从而与业主形成良好的沟通氛围 |
| 2 | 报刊媒介 | 阅览室将订阅相关报纸、杂志，以供业主免费阅览，了解相关政策法规和社会百态 |
| 3 | VI标志系统 | 新设计具有公司特色的VI标志系统（Visual Identity，视觉识别），包括服装、工作牌、导示牌、警示牌、停车场标志等，必要时给予重新更换。通过VI标志系统充分宣传展示公司的品牌形象以及明示业主需遵循的规定。如一些温馨警示牌提醒业主要爱护小区花木 |
| 4 | 信息发送屏 | 视具体情况，在合适时间完善小区的信息发送屏，除发送一些紧急通知外，同时将随时发送一些时间、天气预报、生活常识、重大事件等 |
| 5 | 散发宣传资料 | 每逢较大节日、事件，以传单的形式向各家各户散发宣传资料，以达到及时的沟通和了解 |

续表

| 序号 | 措施/手段 | 运用举例说明 |
|------|-----------|--------------|
| 6 | 家访、座谈 | 　　每接到业主的投诉和维修，处理完后，物业管理企业都将按公司的相关要求对业主进行回访，以便及时了解业主的需求。同时公司还有专门部门负责物业管理企业的监督和接受业主的投诉，并在小区内张贴公司投诉电话及网址，以便将一些矛盾消灭在初始状态<br>　　定期举办一些座谈、宣讲活动，组织业主对物业管理法律法规、业主公约、业主委员会的作用、各项管理制度等开展讨论 |
| 7 | 背景音乐系统 | 　　在小区内各绿化隐蔽处安装音响设备，经常播放音乐、诗歌。让匆匆回家的业主进出居住区就能听到悠扬的音乐，除去一天的疲惫，尽情享受家的温馨和快乐，同时背景音乐系统也可作为居住区紧急广播使用 |
| 8 | 其他 | 　　除了上述宣传手段外，还可以通过社区文化活动、竞赛等途径开展宣传工作。如通过环保知识竞赛让住户了解一些环保知识；通过消防演习生动形象地宣传消防应变措施 |

# 三、社区文化活动方案的编写

　　针对每次具体的社区文化活动，客服人员应提前一周编写实施方案。

## 1.制定社区文化活动方案应考虑的因素

　　制定社区文化活动方案所涉及的相关因素很多，具体如表3-18所示。

表3-18　影响方案的相关因素

| 因素 | 具体措施 |
|------|----------|
| 人员配备 | 　　可在物业管理企业下设社区文化人员，主要负责社区文化活动开展和环境文化建设<br>　　（1）社区文化人员采用专职和兼职相结合的方式以适应社区规模，主管负责整个社区的社区文化行为，从策划、实施到监督，如大型文体活动、编辑月报、接待来访等 |

续表

| 因素 | 具体措施 |
|---|---|
| 人员配备 | （2）客服主管参与协助工作<br>（3）也可聘请部分热心客户数人（5～7人）共同组成社区文化活动的基本组织成员 |
| 活动场地 | （1）物业管理企业可划出一间办公室作为日常办公地点和联络场所<br>（2）社区内规划出的户外活动场地，可作为活动开展的主要地点<br>（3）社区中心广场作为活动开展的主会场<br>（4）大型或特大型活动可借助社区内或附近中小学的操场或教室举行<br>（5）社区内开辟的科技馆、图书馆（室），也是学习交流的极佳场所<br>（6）体现报栏、宣传栏功用，发布信息，沟通交流 |
| 经费来源 | （1）物业管理企业拨出专项经费<br>（2）适当地酌情收费，如图书馆、科技馆等<br>（3）寻求个人或相关企业赞助<br>（4）活动受益人集资 |
| 相关规范 | 社区文化活动能否正常有序地开展，还要有一套行之有效的运作规范予以保障，在活动策划时应充分考虑到。最好边进行活动策划，边建立和完善相关运作规范 |

### 2.社区文化活动方案的内容

通常社区文化活动方案应考虑以下内容：时间、地点、主题、形式、活动参与对象、活动邀请对象、活动组织安排、活动后勤保障、活动费用测算、活动费用来源及其他相关事宜。

### 3.社区文化活动方案的格式

社区文化活动方案的格式如表3-19所示。

表3-19　社区文化活动方案格式表

| 序号 | 项目 | 基本要求 |
|---|---|---|
| 1 | 标题 | 写上"××活动计划"或"××活动方案" |
| 2 | 开篇 | 写上活动的开展目的，也可以将协办单位写进去 |

续表

| 序号 | 项目 | 基本要求 |
|------|------|----------|
| 3 | 正文 | （1）活动的时间<br>（2）活动的地点、报名方法、报名时间等<br>（3）活动的项目和开展程序<br>（4）活动的注意事项 |
| 4 | 落款 | 方案制作部门或制作人签名、日期 |

#### 4.社区文化活动方案的调整

如因特殊情况需要调整社区文化活动方案，应及时写出书面说明和调整后的"社区文化活动计划"由领导审核备案。

下面提供一份某物业管理处的活动方案，仅供参考。

范本

### "迎春节"社区文化活动方案

春节是中国人重要的传统节日，在老百姓心中占有重要的位置。为了活跃小区文化，贴紧与业主（用户）的关系，管理处将组织业主开展多种文化娱乐活动。活动本着营造气氛、活跃情绪、勤俭节约的原则，开展歌舞晚会、钓鱼、套圈、卡拉OK、猜谜等活动，具体实施方案如下。

一、人员组织

活动策划：（略）

活动总指挥：（略）

活动成员：（略）

后勤保障：（略）

二、时间安排

元月23日15:30开始至17:30结束。

三、主要分工

1.杨××负责活动当晚晚会节目的策划、组织、实施。

2.主持人：李××

3.工作人员由管理处不当班员工担任。

4.活动的后勤保障、接受报名、购买奖品及活动的宣传组织比赛用品由陈××负责。

**四、场地安排**

小区会所。

**五、活动内容**

1.组织有文艺特长的老年人进行歌舞表演，主要有太极、剑术、秧歌、二胡演奏等（时间安排1小时，负责人王××）。

2."套圈"同公园内的操作相同，物品为可乐、玩具小汽车、公仔、打火机、车用纸巾等物（××公司赞助）。

3.猜谜活动的操作方法为在半球活动中心现场悬挂一到两百条谜语（事先管理处用彩纸写好），由业主自行猜，猜中后拿着纸条到服务处领取奖品（_____）。

**六、奖品设置**

当天活动参加人员有小礼品赠送，尽力做到人手一份。

**七、费用预算**

| 序号 | 物品 | 单位 | 数量 | 单价（元） | 合计（元） |
|------|------|------|------|-----------|-----------|
| 1 | 闪光彩灯 | 条 | 40 | 20 | |
| 2 | 红灯笼 | 个 | 20 | 10 | |
| 3 | 礼品（老年人纪念品） | 盒 | 20 | 50 | |
| 4 | 铅笔、圆珠笔、文具 | 批 | | | |
| 合计 | | | | | |

_____物业管理有限公司

_____管理处

____年____月____日

## 四、社区文化活动的开展

### 1.社区文化活动宣传

活动前做好小区居民的宣传动员工作，特别是动员一些居民积极分子进行活动前的排练和预演，以提高社区居民的参与热情。

（1）动员积极分子参与。客服人员平时就要了解业主（用户）中有哪些特殊爱好者，与他们进行沟通，征求他们对社区文化活动的意见，邀请他们参与策划、组织、参与各类活动，按表3-20所示的要求填写，便于统计。

**表3-20　社区文化积极分子名单**

| 序号 | 姓名 | 爱好或特长 | 房号 | 联系电话 | 备注 |
|------|------|------------|------|----------|------|
|      |      |            |      |          |      |
|      |      |            |      |          |      |
|      |      |            |      |          |      |
|      |      |            |      |          |      |
|      |      |            |      |          |      |
|      |      |            |      |          |      |
|      |      |            |      |          |      |
|      |      |            |      |          |      |
|      |      |            |      |          |      |
|      |      |            |      |          |      |

（2）将活动广而告之。开展社区活动必须让所有的人知晓，所以可以在公告栏上以通知或者邀请函的形式发布出来。

### 2.社区文化活动现场的控制

（1）保安队员要在现场维护秩序，确保活动现场的安全。

（2）活动时要组织进行现场报道，对活动过程进行影像资料保存，及时进行一些必要的居民观众采访，收集报道素材。

### 3.社区文化活动结束后的工作

（1）社区文化活动结束后，要组织人员对活动现场进行及时清理并填写"社区活动记录表"，对活动进行总结。

（2）客服人员填写"社区文化活动效果评估表"，对活动情况进行效果评估及总结。

## 五、社区宣传栏的管理

### 1.宣传栏的管理要领

物业管理处根据本小区特点通过宣传栏的宣传工作达到丰富居民业余生活，赞美新人新事新风尚，鞭挞不良现象及丑恶行为的目的。

（1）宣传活动应有计划，要做到重大节日宣传庆贺，特殊情况及时告诫，日常管理充分体现。

（2）每一期的宣传栏都应该安排专人去负责，并提前去策划、准备，绝不能"粗制滥造"，最好月月有更新、内容有创新，不同版面、不同内涵的宣传栏，并重点宣扬小区"真、善、美"的行为，使之成为社区一道亮丽的风景线及社区居民的一份精神大餐。

（3）对有损社区形象及不符合要求的宣传要及时给予修正、更换，保证质量与效果。

（4）应对每期的宣传栏进行编号和登记，记录出版日期、刊数、内容等，并拍照、备案存档。

### 2.宣传栏的内容要求

宣传栏的内容可以从以下几个方面着手，具体如表3-21所示。

表3-21　宣传栏的内容要求

| 序号 | 要求 | 详细说明 |
|---|---|---|
| 1 | 宣扬社区新气象，反映广大居民身边的事物 | 即要结合当前国际形势，注重政治性和思想性，又要及时反映社区居民文化，物业管理处的企业文化，员工们的工作及生活等。这样，即激励了工作勤奋、成绩优秀的好员工，解答了居民疑问及各类热点问题，又培养了大家的社会公德，提高了社区居民的生活素质 |
| 2 | 生活保健、日常起居及旅游指南类的一些常识 | 根据一般物业的居住情况来看，在物业管理工作中，老年人和小孩是主要的服务对象。因此，每一期的宣传内容要有生活保健、日常起居及旅游指南类的一些常识。同时，还要添加一些娱乐性、趣味性的内容。这样，即活跃了宣传版面的气氛，又增添了宣传内容幽默、风趣的内涵 |
| 3 | 居民心声、新闻等方面的内容 | 在每一期的宣传内容中增添一些诸如"居民心声""新闻连载"之类的内容，就更能将宣传栏办得有声有色，从而贴近居民生活，促进沟通与交流 |

### 3. 宣传栏的设计要求

宣传栏的设计要求如图3-9所示。

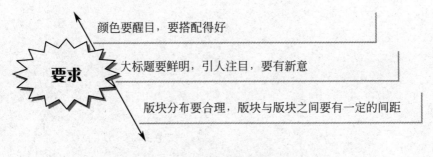

颜色要醒目，要搭配得好

要求

大标题要鲜明，引人注目，要有新意

版块分布要合理，版块与版块之间要有一定的间距

图3-9　宣传栏的设计要求

📝 学习回顾

1. 简述业主入住手续的办理流程。

2. 旧楼盘中新业主（用户）迁入时，客服人员要收集哪些信息？

3.装修过程中客服人员如何做好监控工作？

4.装修验收的要求有哪些？

5.如何做好费用催缴工作？

6.模拟编写一份社区文化活动的方案。

✎ **学习笔记**

_____

_____

_____

_____

_____

_____

# 第四章
## Chapter four

# 客服人员管理技能

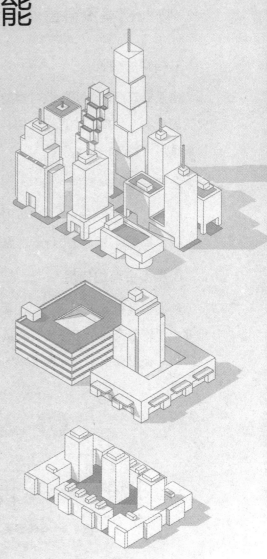

**本章学习目标**

1. 能分类管理物业的各类档案资料。
2. 能正确处理业主（用户）的各类投诉。
3. 掌握回访业主（用户）的要领。

# 第一节　物业资料管理

物业管理会涉及很多资料，这是各项物业管理工作的准确记录，因此，客服人员要做好对物业资料的管理工作，确保资料的完整。

## 一、物业档案资料管理

### 1.档案的接收

物业接管后，负责接收各类物业原始档案资料与建立收集并完善各类物业管理档案，包括：小区平面图；业主（用户）资料；租户信息；各类物业管理常用档案资料。

### 2.登记建档

（1）对档案进行分类并按类别编制"档案文件清单"。

（2）每个月对资料进行一次整理归档。

### 3.档案资料的使用

档案仅供物业管理企业员工因工作需要时查阅或借出使用，非工作原因或非物业管理企业员工不得查阅或借出档案。

（1）保密要求。有保密要求的文件和资料的管理要求如图4-1所示。

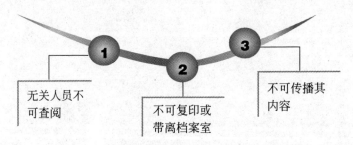

**图4-1　有保密要求的文件和资料的管理要求**

（2）档案借阅要求。档案借出时应进行登记，可以参照表4-1填写"文件借阅登记表"，由借阅人签字。

**表4-1 文件借阅登记表**

物业管理处：　　　　　　　　　　　　　　　　　编号：

| 序号 | 文件名称 | 文件编号 | 借阅时间 | 借阅部门 | 借阅人 | 归还时间 | 归还人 | 备注 |
|------|----------|----------|----------|----------|--------|----------|--------|------|
|      |          |          |          |          |        |          |        |      |
|      |          |          |          |          |        |          |        |      |
|      |          |          |          |          |        |          |        |      |

① 借阅时间不得超过3天，超过3天须经物业管理处主任在"文件借阅登记表"上签字批准方可借阅。

② 存档案的光盘、硬盘和涉及业主（用户）及员工个人的档案资料一律不得借出。

### 4.档案资料的变更

档案资料变更时应做好记录，并变更"档案文件清单"，如表4-2所示。

**表4-2 档案文件清单**

物业管理处：　　　　　　　　　　　　　　　　　编号：

| 类别 | 文件名称 | 文件编号 | 存档时间 | 备注 |
|------|----------|----------|----------|------|
|      |          |          |          |      |
|      |          |          |          |      |
|      |          |          |          |      |
|      |          |          |          |      |

### 5.档案资料的保存

（1）档案资料须分类放置，收集在档案盒里，并整齐摆放在档案柜中，并填写"存档文件目录表"，如表4-3所示。

表4-3 存档文件目录表

物业管理处： 编号：

| 序号 | 文件名称 | 文件编号 | 存档时间 | 存档人 | 备注 |
|------|----------|----------|----------|--------|------|
|      |          |          |          |        |      |
|      |          |          |          |        |      |
|      |          |          |          |        |      |
|      |          |          |          |        |      |
|      |          |          |          |        |      |

（2）档案室应保持：环境清洁；档案架、档案柜、箱、盒等的完好；适当的温度和湿度；配备干燥器、灭火器。

（3）资料的保管措施应能达到：防止档案损毁、散失；确保档案内容、信息的完整与安全；泄密等目的。

（4）档案资料的保管期限见相关文件管理规定。

### 6.档案的销毁

（1）超过保存期或经鉴定确认无保存价值的档案资料，由客服人员填写"过期文件处理登记表"（如表4-4所示）报领导审核批准后予以销毁。

（2）销毁档案时，应有两人以上在场，监销人应复核销毁内容。

表4-4 过期文件处理登记表

物业管理处： 编号：

| 序号 | 文件名称 | 保存期限 | 处理原因 | 备注 |
|------|----------|----------|----------|------|
|      |          |          |          |      |
|      |          |          |          |      |
|      |          |          |          |      |
|      |          |          |          |      |
|      |          |          |          |      |
|      |          |          |          |      |

# 二、业主（用户）资料管理

## 1.业主（用户）资料的内容

（1）基本资料：包括姓名、性别、年龄、学历、户口所在地、祖籍、政治面貌、出生日期、通信地址、联系电话、紧急通信方式、婚姻状况、所属单位名称、职务、家庭（公司）主要成员、家庭（公司）常住人口数等。

（2）物业资料：包括类型、使用性质、房号、房屋面积、按揭方式、入住（入租）时间、水电表编号等。

（3）车辆资料：包括拥有车辆的数量、型号、特征、车牌号码、停车位办理等。

（4）消费资料：包括楼款缴纳及按揭办理情况、入住各项费用缴纳情况、管理费用缴纳情况、水电费用缴纳情况、装修保证金及所得税缴纳情况、购买配套产品（如门禁卡、会员卡、报警系统等）情况。

（5）个性资料：包括兴趣爱好、身体特征、文艺或体育特长、生活习惯、生活禁忌等。

（6）房屋修缮记录。

（7）曾经要求过的特约服务记录。

（8）以往投诉和建议情况。

（9）参与社区活动记录及曾经获得过的荣誉。

（10）发生突发事件的记录。

（11）使用物业过程中的违规记录。

（12）家庭主要成员的健康档案。

## 2.业主（用户）资料的建立

客服人员应通过如图4-2所示的四种途径取得并建立业主（用户）资料。

## 3.业主（用户）资料的分类管理

（1）分类方法。资料必须按照如下顺序进行分类：

| | |
|---|---|
| 途径一 | 入住前通过发展商销售部门取得，如"前期物业管理协议""购房合同"复本以及房产证办理情况、楼款缴纳及按揭办理情况、销售承诺等 |
| 途径二 | 在客户办理入住手续时取得，如"身份证"（或居住证）复印件、"业主公约""业主登记表""委托银行收款协议""停车位租赁合同""二次装修申请表"、业主本人及家庭主要成员照片等 |
| 途径三 | 日常不间断地观察和记录取得；如"房屋租赁合同"复印本、"客户请修流程单""客户投诉受理登记表"等 |
| 途径四 | 定期统计和分析取得 |

**图4-2　业主（用户）资料建立的四种途径**

① 按照物业的使用性质（住宅、办公、商业等）分类。

② 按照物业的楼栋及层数分类。

③ 按照业主（用户）的类型分类。

（2）管理。资料应根据物业的产权归属分别独立建档。档案分类和组卷必须规范，同时建立检索目录，便于调用和查阅。

### 4.业主（用户）资料的使用

客服人员应充分利用业主（用户）资料的信息，致力于提供个性化和差异化的物业管理服务，通常在如下情况将用到其资料：

（1）进行业主（用户）需求分析和服务设计定位时。

（2）受理和解决业主（用户）投诉时。

（3）处理突发事件时。

（4）策划组织社区文化活动时。

（5）推销配套产品时。

（6）业主委员会成立和换届改选时。

### 5. 业主（用户）资料的归档和清理

（1）客户服务中心负责资料的收集、整理及档案的保管。

（2）客户服务中心应养成注意观察和随时记录的良好习惯，致力于资料的不断丰富和完善。

（3）资料的归档必须采用双轨制：即保存原始资料和电脑录入。

（4）每年底对业主（用户）资料进行一次清理，剔除无用和多余的资料，将存留的资料分类后装订成册，同时录入电脑。

（5）档案柜应上锁并做好防火、防盗、防潮、防虫、防光、防尘和防鼠等措施；有效保证业主（用户）资料的安全。

**❓ 小提示**

客服人员应谨记：没有上级领导的授权，业主（用户）资料不得外借。业主（用户）资料在调用过程中不得随意涂改，不得遗失或损坏，业主（用户）隐私不得向外人泄露。

### 6. 进行业主（用户）资料管理的常用表格

为对业主（用户）资料进行有效的管理，须运用一些表格来进行规范化的管理，客服人员在填写这些表格的时候一定要认真仔细，一些信息一定要核查清楚，确保正确，如表4-5、表4-6所示。

**表4-5 业主（用户）信息统计表**

物业管理处：　　　　　　　　　　　　　　　　　编号：

| 序号 | 房屋地址 | 业主（用户）姓名 | 联系电话 | 层数 | 占地面积（平方米） | 建筑面积（平方米） | 备注 |
|---|---|---|---|---|---|---|---|
|  |  |  |  |  |  |  |  |
|  |  |  |  |  |  |  |  |
|  |  |  |  |  |  |  |  |

表4-6  产权清册

编号：                                              年    月    日

| 序号 | 产权人 | 地址 | 房屋类型 | 建筑面积（平方米） | 使用情况 | | 附属设施情况 | 车位租用情况 | 非机动车库使用情况 |
|---|---|---|---|---|---|---|---|---|---|
| | | | | | 入伙日期 | 入住日期 | | | |
| | | | | | | | | | |
| | | | | | | | | | |
| | | | | | | | | | |
| | | | | | | | | | |

_____物业管理有限公司
_____物业管理处

# 第二节  业主（用户）投诉处理

投诉是指业主（用户）因对物业管理企业的服务需求或不满等，通过各种方式向物业管理企业反映的行为。投诉能指出物业管理与服务过程中存在的问题，各级客服人员要提高物业管理企业服务水平，尽量避免投诉的发生。

## 一、投诉处理的要求

物业管理企业接受业主（用户）的投诉是非常正常的现象，可以说没有投诉的物业管理企业是不正常的，投诉率高的物业管理企业也不一定就是不好的物业管理企业。

投诉能指出物业管理企业在服务过程中应改善的环节，能使有意见的业主（用户）重新接受物业管理企业，是业主（用户）给予物业管理企业改善服务质量的机会，所以业主（用户）投诉并不可怕，关键是物业管理企业如何对待，如何处理。

在处理投诉的过程中，客服人员首先要做的是把握如图4-3所示的投诉处理要求。

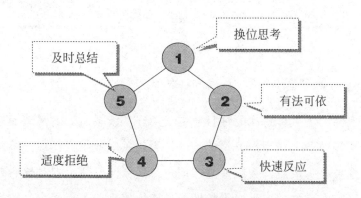

图4-3　投诉处理的要求

### 1.换位思考

在投诉处理的过程中，必须以维护物业管理企业利益为准则，学会换位思考，以尊重业主（用户）、理解业主（用户）为前提，用积极诚恳、严肃认真的态度，控制自己的情绪，以冷静、平和的心态先处理业主（用户）的心情，改变其心态，然后再处理投诉内容。

### 2.有法可依

客服人员可能天天要面对各类投诉，假如不加甄别，认为每件投诉都是有效的，那么就算服务水准再高的物业管理企业也不合格。如果这样，一方面承担了本物业管理企业不该承担的责任；另一方面还会让物业管理企业成为业主（用户）冤屈的申诉地，物业管理企业将无法正常运行，从而导致工作权限不清，出力不讨好的情况发生。

因此客服人员在接受业主（用户）投诉时，在稳定业主（用户）情绪的情况下，必须对投诉事件进行有效与无效投诉区分。有效投诉又分如图4-4所示的两种情况。

业主（用户）对物业管理企业在管理服务、收费、经费管理、维修养护等方面失职、违法、违纪等行为的投诉

情形一

情形二

业主（用户）向物业管理企业提出的管理人员故意、非故意、或失误造成业主（用户）或公众利益受到损害的投诉

图4-4 有效投诉的情形

### 3.快速反应

投诉事件的发生具有偶发性且业主（用户）大多是带着情绪而来，若处理不当小则导致业主（用户）情绪激动，引起关联业主（用户）围观，影响物业管理企业品牌形象，大则业主（用户）向新闻媒体报料，给企业造成极大的负面影响。这种情况就必须快速、准确地识别业主（用户）的投诉是否有效，并按如图4-5所示的流程进行处理。

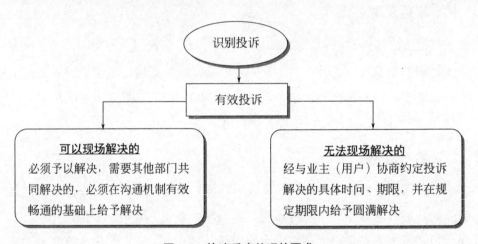

识别投诉

有效投诉

__可以现场解决的__
必须予以解决，需要其他部门共同解决的，必须在沟通机制有效畅通的基础上给予解决

__无法现场解决的__
经与业主（用户）协商约定投诉解决的具体时间、期限，并在规定期限内给予圆满解决

图4-5 快速反应处理的要求

❓ **小提示**

面对重大的投诉问题，客服人员一定要在第一时间内向上级反映，第一责任人要亲自处理，同时要正确处理好与新闻媒体的关系。

### 4.适度拒绝

在满足业主（用户）的要求时，若在职权范围之内的有效投诉，客服人员应按照业主（用户）投诉处理服务体系处理；若为无效投诉，假如时间、人手允许，可以协助解决，否则可以大胆拒绝，以免业主（用户）养成事事依靠物业管理企业的心理，给物业管理企业的日常管理工作带来诸多不便。

### 5.及时总结

投诉在很多时候仍无法避免，若只满足于投诉处理过程的控制，让业主（用户）当时满意而不注重事后的跟踪及投诉案例的分析、总结、培训，同类投诉事件仍会继续发生。

如此周而复始，对物业管理企业服务失去耐心的业主（用户）将从侧面传播企业的负面信息，导致企业声誉、品牌受损。

古人云："吃一堑，长一智"。今天的总结、改进、培训一方面是为了提高相关人员的技术水准；另一方面则是为了减少投诉，为下一步工作打下良好的基础，并在此基础上提升满意度。

---

**⬛ 知识拓展**

## 业主（用户）投诉的常见原因

1.对设备设施方面的投诉

（1）投诉内容。对设备设施方面的投诉，包括以下两个方面的内容：

第一，业主（用户）对设备设施的设计不合理或遗漏及质量感到不满，如：电梯厅太窄，候梯间拥挤，没有货梯，客货混运；房屋漏水，墙体破裂，地板起鼓等。

第二，对设备运行质量不满意，如：空调供冷不够，电梯经常停用维修，供电供水设备经常出现故障等。

（2）产生原因。产生这方面投诉的原因，主要是因为业主（用户）所购买的物业管理服务与业主（用户）期望有差距。业主（用户）支付物业管理费，希望能得到满意的物业管理服务，但因为设备设施的问题而无法满足他们的需求。引起的原因有很多，设备的选型和施工质量也可能存在各种问题，因而造成上述所列的种种不满。

2.对管理服务方面的投诉

业主（用户）对物业管理服务质量的感觉来自七个方面，具体如下表所示：

**业主/用户对物业管理服务质量的感觉**

| 方面 | 说明 |
| --- | --- |
| 安全 | 业主（用户）的财产和人身安全是否能得到切实保障 |
| 一致 | 物业管理服务是否达到了规范化、标准化，具有可靠性 |
| 态度 | 物业管理人员礼仪、礼貌是否端庄得体，讲话是否热情和蔼等 |
| 完整 | 物业管理服务项目能否完善齐全，能否满足不同层次业主（用户）的需要 |
| 环境 | 办公和居住环境是否安静，人文气氛是否文明和谐等 |
| 方便 | 服务时间和服务地点是否方便，是否有便利的配套服务项目，如停车场、会所、自行车棚、邮局、托儿所等 |
| 时间 | 服务时间和服务时效是否及时、快捷等 |

当业主（用户）对以上所列这些服务质量基本要素的评估低于其期望值时，就会因不满而投诉。

业主（用户）对服务质量的期望值来源于业主（用户）日常得到的日常服务的感知和来自物业管理服务公司的服务承诺。当物业管理服务公司对某项服务"失常"时，如：管理人员态度恶劣，电梯运作出现小故障，维修人员未能尽快完成作业等，业主（用户）就会通过投诉来表达自己的不满；当物业管理服务公司的服务承诺过高时，业主（用户）也易因期望值落差而提出投诉。

好的服务意味着较高的服务成本，而物业管理服务公司则希望服务成本最小化。这一矛盾集中反映在缴纳各类费用这一敏感问题上。特别是有的小区居民虽然入住商品房，但认识还停留在过去的"福利房"阶段，对缴纳管理费、支付维修费，还处于能拖则拖的状态；即使非常不情愿地缴纳了各项费用，也可能会因一点点小事而投诉。

3.对突发事件方面的投诉

因停电、停水、电梯困人、溢水及室内被盗、车辆丢失等突然事故而造成的偶然性投诉。这类问题虽有其"偶然性"和"突发性"，但由于事件重大，对业主（用户）的工作和生活带来很大影响，甚至危及生命财产安全，从而导致投诉。

## 二、投诉处理的程序

投诉的常规处理程序如图4-6所示。

（1）客服热线接听人员要确保电话在3次铃响之内接听。接听时，必须做到礼貌用语，应认真、耐心接听并认真做好必要的投诉记录。

（2）对业主（用户）的投诉，接听人员应表示感谢和歉意，同时进行安慰，稳定其情绪，并询问投诉人所属物业管理企业或房号、姓名及其联系的方法，以便回复。

（3）投诉处理人员应该在3分钟内到达现场。对于一时难以处理的投诉，应做好解释工作并及时上报。

（4）及时回访。回访是建立信任、弥补因种种原因造成失误的重要环节，也是检查工作质量，与业主（用户）沟通、搞好关系的最好机会。

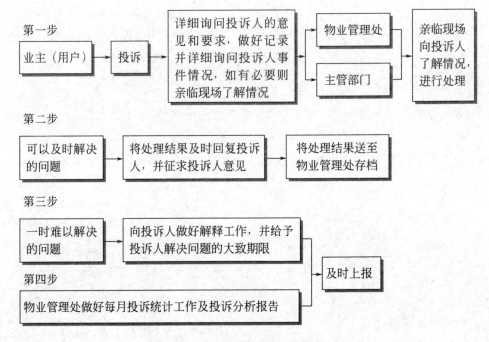

**图4-6 投诉的常规处理程序**

（5）总结。投诉处理完毕，应积极做总结，多问几个问题，如：发生这次投诉的原因是什么？从这次投诉处理中学到了什么？在今后的工作中怎样才能避免类似情况的发生，需要做哪些方面的调整。以防日后类似问题的发生。

以上是投诉的常规处理工作程序，每个物业管理企业都应该制定投诉处理的内部工作程序，以明确职责与权限。作为客服人员，在掌握常规程序的基础上必须对内部程序也清楚明确，以便能及时解决问题。

❓ **小提示**

处理投诉时，客服人员应本着"细心细致、公平公正、实事求是、依法合理"的要求，以国家的法律、地方法规、行业规定及业主公约和业主手册为依据，依据实事求是的精神，更好地解决问题，消除业主（用户）的不满。

# 三、投诉的常规应对方法

处理业主（用户）的投诉，一般可以采取如图4-7所示的几种方法。

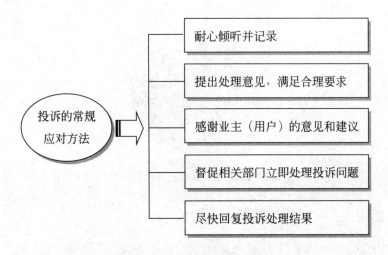

**图4-7　投诉的常规应对方法**

## 1.耐心倾听并记录

耐心听取并记录投诉，不当面解释或反驳业主（用户）的意见。业主（用户）前来投诉，心里充满了不满和怨气，情绪激动，此时若只是解释或反驳业主（用户）的投诉，会使他们产生反感，会认为投诉接待人员不尊重其意见而加剧对立情绪，甚至产生冲突。

所以客服人员要耐心听业主（用户）的投诉并做好记录，使业主（用户）感觉到投诉接待人员诚恳的态度，使他们的不满得以发泄，逐渐平静下来。

## 2.提出处理意见，满足合理要求

对业主（用户）的投诉要求提出处理意见，满足业主（用户）的部分合理要求。很少有业主（用户）向物业管理企业投诉是为表示"彻底绝裂"的，大多业主（用户）用投诉来向物业管理企业"谈判"，使物业管理企业重视其投诉，并能尽快解决其投诉的问题。

客服人员要站在如图4-8所示的立场上向业主（用户）提出处理意见；同时，协调解决好业主（用户）遇到的问题，满足业主（用户）的合理要求。

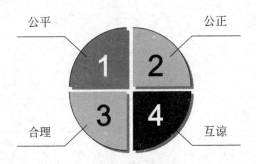

**图4-8　客服人员提出处理意见的立场**

### 3.感谢业主（用户）的意见和建议

投诉是业主（用户）与物业管理企业矛盾的最大屏障。业主（用户）能向物业管理企业投诉，表明业主（用户）对物业管理企业还持信任态度。客服人员要以"闻过则喜"的态度，对业主（用户）的信任表示感谢，并对业主（用户）的投诉进行整理分类，以做改进。

> ❓ **小提示**
>
> 　　管理和服务工作紧密相连，可以从另外一个角度检讨、反思物业管理企业的各项工作，完善和改进管理及服务。

### 4.督促相关部门立即处理投诉问题

对投诉处理的实际效果，直接关系到物业管理企业的声誉及整体管理水平。投诉处理的关键是尽快分析投诉内容、查清原因，督促有关部门及时进行处理，使业主（用户）满意；要确保不再发生同类问题，坚决杜绝"二次投诉"的发生。

### 5.尽快回复投诉处理结果

把投诉处理结果尽快以电话或信函形式反馈给业主（用户）。尽快处理投诉，并给业主（用户）以实质性答复，这是客服人员处理投诉工作中的重要一环。

业主（用户）口头投诉可以电话回复，一般应不超过1个工作日；业主（用户）来函投诉则应回函答复，一般不应超过3个工作日。回复业主（用户）可以向业主（用户）表明其投诉已得到重视，并已妥善处理。同时，及时的函复可显示客服人员的工作时效。

💼 **案例赏析**

## 及时处理并回复业主的投诉

9月中旬的一天清晨7:00刚过，902室业主打电话投诉903室装修影响其休息。当值保安立即赶赴903室，叫装修工人停工，并告诫装修人员，还未到装修时间，不能提前施工影响他人休息。当值班保安员离开后，装修人员无视规劝又开始施工并用起了电动工具，电动工具发出的噪声再次遭到902室业主的强烈投诉和不满。

值班保安员再次到903室后采取了断电处理。该天中午13:00时，装修队又提前施工，902室的业主亲自到管理处，他大发脾气，提出强烈投诉。下午工程主管和当值保安领班来到903室，对装修人员批评教育，给予严重警告，同时给903室的业主打电话，讲明装修规定，重点说明提前装修会影响邻居的休息，让其站在邻居的角度来考虑，业主表示会去约束装修队使之遵守装修时间的规定，接着他们到了902室业主家进行了回访。在此之后903室再也没有超时或提前施工了，902室的业主和903室的业主也表示满意。

【点评】

装修管理是物业管理中的重中之重，管理处在处理装修违章时所采取的强硬措施应及时通知该装修单位的业主，请业主配合。管理处应加大巡查的力度并对装修人员加强教育，同时及时回访投诉的业主，只有这样才能真正体现"以业主为关注焦点"的经营理念。

# 四、投诉处理的技巧

### 1.察言观色

在接待中仔细观察业主（用户）的言行举止，以便从中了解其性情，针对不同性情的业主（用户）运用相应的沟通技巧。

### 2.同情和理解业主（用户）

当业主（用户）前来投诉时，客服人员应当把自己视为物业管理企业的代表去接待，欢迎他们的投诉，尊重他们的意见，并同情业主（用户），以诚恳的态度向业主（用户）表示歉意，注意不要伤害业主（用户）的自尊。

### 3.保持平和的心态

在业主（用户）投诉不满时，心情通常比较激动，这时客服人员一定切记不要打断对方的话题，不可有不专注的表现，而应与对方保持随时交流。

在沟通过程中，客服人员应始终保持平和的心态，不要被业主（用户）的情绪所影响，尤其说话的语音语调应尽量保持平缓，不能表现出不耐烦或恼怒来。

### 4.恰当掌握退进的技巧

物业管理工作非常忌讳与业主（用户）发生正面冲突。在任何情况下，客服人员都不能与业主（用户）发生语言或是肢体上的冲突，一旦发生了冲突；就很难顺利地开展工作。

因而，在业主（用户）坚持己见的情况下，客服人员应懂得适时退让，甚至可以在不违反要求的情况下，适当地表示歉意，待气氛缓和下来后再寻求解决问题的办法。

### 5.注重礼仪

在接待业主（用户）投诉的过程中，客服人员尤其要注重接待礼仪的规范性操作，并且始终保持微笑或平和的面部表情，用良好的服务态度感染对方。

### 6.让业主（用户）感到受重视

客服人员在听完业主（用户）有关投诉事件的具体内容后不要立即回应，最好短暂地停顿，这样可使业主（用户）感觉到客服人员对问题的重视及审慎。

### 7.准确应用相关专业知识

在陈述相关文件规定时，客服人员必须熟练掌握相关的专业知识，并能准确应用。

### 8.在不违反要求的情况下谦虚地接受批评

当业主（用户）投诉指出物业管理工作不足之处且坚持己见的情况下，如果不违反要求，客服人员可适时谦虚地接受对方的批评意见，让投诉人心情变得舒畅些，使其心态平和下来，这样以便后面更进一步地深入话题而不招致投诉人的反感。

### 9.接待电话投诉时声音与语言上要有分寸

在业主（用户）通过电话投诉时，客服人员主要依靠声音和语言与业主（用户）沟通，因此在声音和语言上要把握好分寸。

首先，切记保持平和的心境，声音始终保持中调，不能过高而显示出对投诉人的不满，也不能过低而使投诉人感觉到态度消极。其次，在语言的运用上同样要注意避免使用过激的词语，而应尽量用对方可以接受的语言，以期圆满地解决问题。

### ■ 案例赏析

## 业主装修，家具堆在公共楼道引邻居投诉

一天，管理处接到投诉：某位业主二次装修地板，将家具堆放在楼道和电梯间，妨碍通行。管理处派人上楼查看，情况属实。经过了解，该业主在办理装修手续时，就无视装修管理规定，拒交装修保证金，对有关规定吹毛求疵，与管理处的工作人员闹得不亦乐乎。怎样去说服这样的一个难缠的人呢？管理处几经协商，确定了坚持原则，针对其心理状态和实际情况采取因势利导的策略；另外再安排几个人一起上楼做工作，以形成一定的声势。

管理处人员首先介绍装修的管理规定，讲明堵塞通道可能带来的可怕后果，不能图自己方便而危及众人；接着对其二次装修放置家具的难处表示理解，建议采用集中一室、分室进行装修和管理处代找暂存位置、一并装修两种方案，供其选择；最后限定整改的期限，表明如果他继续我行我素，则按"业主公约"予以处罚。

通过一番苦口婆心的劝说，这位业主心悦诚服，很快进行了整改，事后又到管理处，对自己的言行表示歉意。

【点评】

怎样和业主交流是一门学问。同样的一件事，如何去说？先说什么后说什么？效果通常有很大的差异。所以，作为每天都要同形形色色的业主打交道的物业管理人员，应当认真地学习和研究语言艺术和表达技巧。

在本案例中，管理处工作人员首先利用集体的智慧，群策群力，制定了切实可行的处理办法；在处理时，不仅指出业主的错误所在，而且告知其怎样做才符合规定，让业主觉得管理处人员不仅只考虑自己的工作，同时也在设身处地为业主着想，所以，事情处理起来就容易多了。

# 第三节　业主（用户）回访管理

物业管理企业要做好物业管理服务工作，加强与业主（用户）的联系，及时为其排忧解难。同时，应不断总结经验教训，集思广益，改进管理水平，提高工作质量，应安排客服人员经常开展服务回访工作。

## 一、关于投诉的回访

（1）回访时应虚心听取意见，诚恳接受批评，采纳合理化建议，做好回访记录。回访记录指定专人负责保管。

（2）回访中，如对业主（用户）的问题不能立即答复，应告知预约时间回复。

（3）客服人员接（听）到业主（用户）的意见、建议、投诉或反映问题时，应及时反馈给部门领导或回访专责管理人员，并认真做好记录。对不属于本部门职权范围内的事项，应及时呈报上级部门处理。

（4）回访后对业主（用户）反馈的意见、要求、建议、投诉，应及时整理，快速做出反应，妥善解决，重大问题向上级部门请示解决。对业主（用户）反映的问题，要做到件件有着落、事事有回音，回访处理率100%，投诉率力争控制在1%以下。

（5）接到业主（用户）投诉，应首先向其表示歉意和感谢，并做好"住户投诉登记"。对于重大的投诉，部门领导应组织相关人员向业主（用户）进行检讨和说明，及时落实解决措施及责任人，限期处理和整改。

（6）对投诉必须100%回访，必要时可进行多次回访，直至业主（用户）满意为止。

# 二、关于维修的回访

秉着对业主（用户）负责，也为确认和考核维修质量及维修服务人员的工作态度，维修工作完成后，一定要做回访，这也是许多物业企业通行的做法。

### 1.维修回访的内容

（1）实地查看维修项目。

（2）向在维修现场的业主（用户）或家人了解维修人员服务情况。

（3）征询改进意见。

（4）核对收费情况。

（5）请被回访人签名。

### 2.维修回访原则

小事、急事当时或当天解决，如果同时有若干急事，应如实向客户通报，协商检查解决时间。一般事情，当天有回音，三天内解决；重大事情三天有回音，七至十五天内解决。对维修后，当时看不出维修效果的，或可能再出现问题的，应进行多次回访；对维修效果很明显或属正常低值易耗的可进行一次性回访。

### 3.维修回访语言规范

回访工作可以亲自上门拜访、实地查看，也可以通过电话与业主（用户）进行沟通确认，无论以何种方式进行，用语都要规范，声音要温和，表达要清晰。

以下是一些常见的回访用语，可参考并灵活运用。

"您好，我是××物业××管理处的员工，今天来回访，请问您对××的维修服务质量是否满意？"

"先生（女士），您家的水龙头现在还会不会漏水？××的维修服务人员态度，您满意吗？"

"先生（女士），您在电话中反映的有关维修服务人员乱收费的情况，已做了调查与处理，今特来回访，与您沟通一下情况。"

### 4.维修回访时间要求

回访时间一般安排在维修后一星期之内。如安全设施维修两天内回访；漏水项目维修三天内回访。每个物业管理企业都会有相应的规定，如某知名物业企业对维修回访做出如下规定：

（1）对危及业主（用户）生命、财产安全的，如出现天花板掉落，墙裂缝严重，灯罩松动，橱柜松动、倾斜，电器外壳带电等问题，马上给予处理解决。处理后，一周内回访一次；并视情节轻重必要时采取不断跟踪回访。

（2）房内墙角、天花板出现渗水现象，在接到通知后，马上到现场查明原因，在两日内给予判断、处理、解决，维修后第二天回访一次，如是雨水造成的，在下雨后马上进行回访一次。

（3）洗菜盆、洗脸盆、座厕或其他管道堵塞或漏水的，当日予以解决，次日回访。

（4）电视机、录像机、电冰箱、电烤箱等家电出现问题的，当天予以检查，如属简单维修的，如插头断了或接触不良需修理的，在维修后的第二天回访一次。

（5）业主（用户）的电视收视效果差时，应马上与有关单位联系，两日内予以解决，次日回访。

（6）业主（用户）房内墙出现裂缝，但无危及生命或影响正常生活，可与有关单位联系，三日内予以解决，五日内回访一次，一个月内回访第二次。

> **❓ 小提示**
>
> 维修回访工作人员应在每日上午上班时认真检查维修记录，确认当日应回访的维修服务，确保回访工作准时执行。

### 5.回访问题处理

一般而言，对回访中发现的问题，应在24小时内书面通知维修人员进行整改。

## 三、上门回访的安排

虽然信息时代流行电子邮件，可以打电话、发微信，但始终难以取代面谈，因为双方的情绪、眼神、肢体语言，面部表情可以相互感染和影响，一杯热茶、一抹微笑可以化干戈为玉帛，有着其他方式无法比拟的优点。但面谈也并不十全十美，当双方观点不一致或关系出现僵局时，稍有不慎反而可能导致矛盾升级。

### 1.人员安排

回访业主（用户）时应注意一些问题，例如回访通常由两个人组成一个小组，人多了可能会给业主（用户）造成心理上的压力；小组成员通常是一男一女，不管业主（用户）是男是女，都不会引起尴尬和不便，成员之间也有了照应和第三者做为见证。

### 2.回访的时间安排

（1）回访的时候可以安排在业主（用户）下午下班后较为合适，占用业主（用户）休息时间也是不尊重对方的表现。

（2）回访的时间长短适宜，太短达不到效果，太长影响业主（用户）正常生活，通常是20～30分钟，当然也不宜一概而论。

（3）回访应提前预约，不能给业主（用户）来"突然袭击"。

## 四、注重回访的细节

### 1.见面问候时最好点名道姓

客服人员进入业主（用户）家门时，通常会说："您好，见到您很高兴。"但如果能够这样说："王先生，您好，见到您很高兴。"其效果会更好些。因为后者比前者要更亲切热情。

### 2.如果业主（用户）没请你坐下，你最好站着

客服人员进入业主（用户）家时，如果业主（用户）没请你坐下，最好不要自己坐下。

### 3.不要急于出示随身携带的资料

只有在交谈中提及了，且已引起了对方的兴趣时，才向业主（用户）出示随身所带的资料。同时，回访前要做好充分的准备，针对你去业主（用户）家要解决的问题，预先要考虑业主（用户）可能会提出的一些问题，在业主（用户）提出问题时，应给予详细的解释或说明。

### 4.主动开始谈话，珍惜时间

客服人员在回访时，应该主动开口，表达简洁准确，不要占用业主（用户）过多的时间，以免引起反感。

### 5.时刻保持相应的热情

客服人员在回访时，如果对某一问题没有倾注足够的热情，那么，业主

（用户）也可能会失去谈论这个问题的兴趣。

当业主（用户）因为某些问题而情绪激动，不配合工作时，应提早结束回访，避免未能解决原有问题，而又产生新的问题，把事情弄得更糟。

### 6.学会听的艺术

客服人员进行回访时，不仅要会说，还要学会倾听。听有两个要求，首先要给业主（用户）留出说话的时间；其次要"听话听音"。当业主（用户）在说话时，最好不要打断他，听他把话说完。应做好准备，以便利用恰当的时机给予响应，鼓励他讲下去。

不能够认真聆听别人说话的人，也就不能够"听话听音"，更不能很好地回答对方的问题。在回访时应注意，不论是在社交场合，还是在工作中，善于倾听都是一个人应有的素养。

### 7.避免不良的动作和姿态

客服人员在回访时，应保持端庄得体，不做无关的动作或姿态，如：玩弄手中的小东西、用手理头发、搅舌头、剔牙齿、掏耳朵，弄指甲或盯着天花板与对方身后的字画等，这些动作都有失风度。

也千万不应忘记自己的身份而故作姿态，卖弄亲近，如："咱俩无话不谈，要是对别人，我才不提这个呢！"，俚话和粗话更应避免。

### 8.要善于"理乱麻"，学会清楚地表达

客服人员在说话时，表达应清晰准确，善于概括总结。不会概括的人，常令人不明所以；叙事没有重点，思维头绪混乱的人，会使人们茫然无绪，不知所措。注意自己说话的语气和语调。说话要保持清晰，喉音、鼻音不宜太重，语速徐缓，语调平稳，而充满朝气的语调会使自己显得年轻。

### 9.注意衣着和发式

客服人员回访时记住自己代表着物业管理企业，体现本企业的形象，

千万不要给人一种不整洁的印象，这样不仅无助于回访事情的解决，还会影响整个企业的形象。

### 10.避免过度关心和说教

过度的关心和说教应该避免，要表现出诚意和合作精神，表达真诚的沟通愿望，防止其产生反感。

### 11.注意告别

客服人员回访结束出门时，要带好自己的随身物品，如公文包、资料等。告别语一定要适当并简练，千万不要在临出门时又引出新的话题。

### ✂ 学习回顾

1.建立业主（用户）档案要包含哪些内容？

2.业主（用户）投诉的常见原因有哪些？

3.处理业主（用户）投诉有哪些要求？

4.上门回访时要做哪些安排？

5.回访业主（用户）时要注意哪些细节？

### ✐ 学习笔记

_____

_____

_____

_____

_____

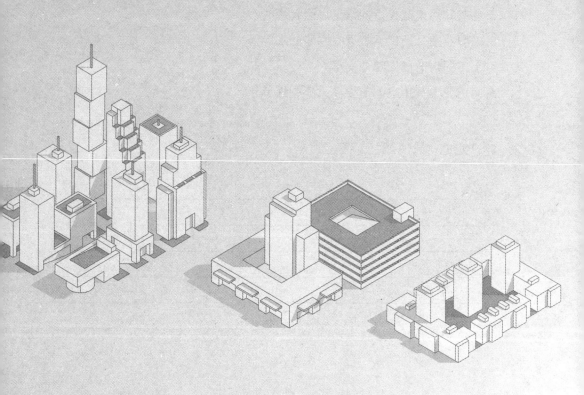

# 第五章
## Chapter five

# 客服人员成长规划

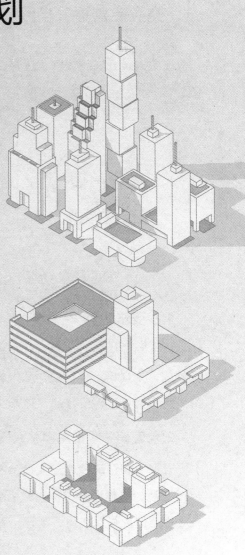

🎯 **本章学习目标**

1. 掌握自我提升的要领。
2. 掌握自我训练的要领。

# 第一节　进行自我提升

初入行的客服人员，对于专业知识还处于感性认识阶段，经过学习，将会使客服人员的业务能力提升到理性认识。

## 一、充实完善提升自我

客服人员充实、完善、提升自我可参考图5-1所示的方法。

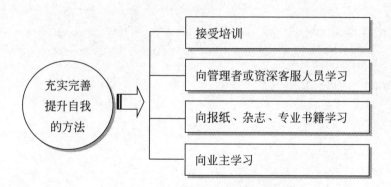

**图5-1　充实、完善、提升自我的方法**

### 1.接受培训

许多物业管理企业都有各种内训手册，这些都是专门为新进的客服人员提供的，用以帮助他们熟悉掌握自身所需要的专业知识。这是学习专业知识最系统、最快速、最好的一种方式。

### 2.向管理者或资深客服人员学习

管理者和资深的客服人员都有一些成功的奥秘，虚心向他们请教，会使自己受益。请教也要在合适的机会，一是趁对方工作不忙时，二是当他们在处理问题时，可以在一旁观察、静静地听，然后将这些知识牢记在心中。

### 3.向报纸、杂志、专业书籍学习

客服人员应选择一些有助于自己成长的报纸、杂志和专业书籍，认真阅读，画下重点，默记重点部分。读书范围不要仅限于有关工作的实务类书，也可以涉及个人兴趣、修养、娱乐等书籍。广泛地摄取各方面的知识，如有关物业管理的政策、法规，典型的物业纠纷案例等，可以有效地使自己尽快成熟。

### 4.向业主学习

一般来说，客服人员的专业知识要比业主（用户）的丰富一些，但是，业主（用户）来自各行各业，他们是使用物业服务的人员，他们对物业的要求比客服人员更清楚。因此客服人员要认真倾听这类业主（用户）的意见和建议，以便于在工作过程中，用所学的知识去服务其他业主（用户）。对于业主（用户）的意见和建议，客服人员要及时传递给上级，便于提高企业的整体服务水平。

## 二、搞好工作场所人际关系

客服人员相互间的人际关系如果不和睦，就会对工作气氛产生不良影响。此外，客服人员本身在人际关系不良的场所中也无法获得工作的意义。所以，同事之间应互相协助，站在对方的立场考虑事情，努力信赖对方，共同建立和睦的人际关系和良好的工作环境。客服人员可参考如图5-2所示的方法来搞好工作场所人际关系。

### 1.促进工作场所内的交流

工作场所内的交流包括工作岗位上的工作命令和报告等上下纵向的交流、讨论工作和开会等横向的交流，以及在工作场所内的谈话、每天打招呼等非正式的交流活动。

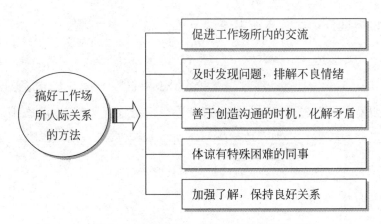

图 5-2　搞好工作场所人际关系的方法

### 2.及时发现问题，排解不良情绪

面对怀有不满情绪的同事，应该表现出体谅和深切关心，让同事感觉到有可以畅所欲言的气氛。通过与同事间共同话题的交流，消除同事间的不满情绪。

### 3.善于创造沟通的时机，化解矛盾

在工作场所进行沟通时，一定要非常冷静。如果带着感情用事的成分沟通，将妨碍谈话的进行。因此为抑制感情的高涨，有时也需要适当冷静，以待再次寻找合适的沟通时机。

### 4.体谅有特殊困难的同事

对短期内有特殊困难的同事，在遵守考勤制度的原则下，可在排班、加班方面予以适当的照顾和帮助。

### 5.加强了解，保持良好关系

了解同事们的个性和相互之间的关系，促进相互的理解与宽容。客服人员应该有创造良好的人际关系和工作氛围的心态，认可他人长处，包容他人短处，承认自己与对方都不完美，并以成熟的人格来对待同事，给予他们建设性的意见，从而互相协助。

# 三、养成良好的心态

一流的物业企业有一流的客服人员，但是一流的客服人员未必有一流的服务心态。那么如何才能养成必要的心态呢？具体方法如图5-3所示。

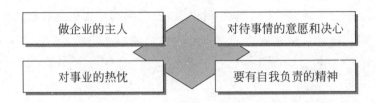

图5-3　养成良好心态的方法

## 1.做企业的主人

所谓企业的主人就是不管主管在不在，不管企业遇到什么样的挫折，你都愿意去全力以赴，愿意为业主（用户）服务，愿意帮助企业去创造更多价值，这就是主人的态度。

> ❓ 小提示
>
> 如果你这辈子要做一个主人，要先具备做主人的应该具备的心态：只要我做，我就要全力以赴。

## 2.对事业的热忱

这是客服人员要具备的基本的工作态度，也是一个客服人员要具备的非常重要的特质。如果一个客服人员连基本的工作态度——热爱本职工作、积极主动、有责任心都做不到的话，又如何能对业主（用户）尽职尽责呢？

## 3.对待事情的意愿和决心

做任何事情，想要成功的话，记住五个字，就是：我要，我愿意。

### 4.要有自我负责的精神

知识和观念，不但自己要学，还要把它传播给更多的人，因为在教别人的时候，自己的成长也会很大。

客服人员应该具备什么样的素质，一流企业的客服人员要具备什么样的心态，首要的观念就是"做事是为自己"，在做事的过程中要有极大的热忱，同时要专心、用心，更要认真，还要对结果负责，这就是人们常说的对自己的人生负责。

## 四、定位自己的服务风格

从客服人员个人的角度来说，服务质量，通俗讲就是服务的好坏。服务质量高就是服务好，反之，服务质量低就是服务不好。服务好还是不好谁说了算呢？当然是业主（用户）说了算！

客服人员有四种"风格"，分别体现了四种不同的服务质量，如表5-1所示。

表5-1　服务风格的类型

| 序号 | 服务风格 | 具体说明 |
|---|---|---|
| 1 | 漠不关心型 | 漠不关心型的客服人员缺乏热情，态度不端正，没有服务意识和敬业精神。这几点结合在一起，传达给业主（用户）的信息是什么？就是根本不关心，根本没有什么服务，就是对业主（用户）爱答不理 |
| 2 | 按部就班型 | 按部就班型的客服人员缺乏灵活性，冷淡，死板。这样传递给业主（用户）的信息是什么？就是每个业主（用户）都要遵守规矩，不能搞特殊化。业主（用户）很着急，那也得按规矩来。业主（用户）说明天就要出差了，能不能提前处理一下？那不行，按规定就是三天以后才能处理，今天就不能给处理。这就是按部就班型的客服人员 |
| 3 | 热情无解型 | 热情友好型的客服人员的态度特别好，很热情，也很友好，每天都带着微笑为客服服务，但是，在沟通的细节方面常常不知所措。这种服务的典型表现是：没办法，我确实很理解您，理解您的难处，我也知道这方面我们没做好，会给你带来不便，但我也解决不了 |

| 序号 | 服务风格 | 具体说明 |
|---|---|---|
| 4 | 优质服务型 | 优质服务型的客服人员有着很好的素质和修养，他们关心业主（用户），理解业主（用户），体贴业主（用户），能够很好运用服务的技巧。这样传递给业主（用户）服务的信息是：我们很重视业主（用户），并且希望用最好的服务来满足业主（用户）的需求 |

以上四种风格的客服人员服务质量高低显而易见，你想做哪种风格的客服人员呢？

## 五、培养一流的服务意识

端正态度，态度决定一切。作为客服人员，要想造就一流的服务，必须养成如图5-4所示的几种习惯。

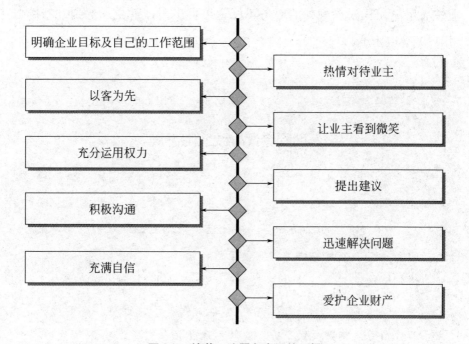

图5-4　培养一流服务意识的习惯

### 1.明确企业目标及自己的工作范围

客服人员在为业主（用户）服务的同时，也是在为企业而服务。客服人员最需要知道的是企业对自己的期望和要求。他们对这些目标的认知和理解，直接影响企业的服务质量。因此，每一位客服人员都有义务了解企业的目标，并应该进一步了解围绕这个根本目标制定的各种企业战略中和客服人员有关的工作。

### 2.热情对待业主

客服人员都必须做到：尽量使用业主（用户）的姓氏称呼他们，预见并满足他们的需求，热情亲切地送别他们。

使用业主（用户）的姓氏称呼他们，表达了对其的关注和尊重。满足业主（用户）的需求是对服务的基本要求，但要做到宾至如归，就必须在实践中不断总结，做到预见业主（用户）的需求，在业主（用户）还没有提出或业主（用户）认为是额外的服务不好意思提出时，就主动想到并帮助业主（用户）解决困难。

---

📁 **案例赏析**

## 称呼错误导致业主不满

某工业区内有几十家企业租户。一天，其中一家不大的公司部门主管来找客服人员，客服人员一时疏忽，称错了对方的名称。主管顿时不高兴："看不起我们小公司啊！"从此后，对物业的管理一直是不配合态度，甚至一连几个月都拖缴物业管理费。

物业管理企业从此事中吸取教训，要求各部门员工把园区内几十家企业的单位名称、企业主管、各部门主管的名字都详细记在脑海里，见面主动打招呼，热情提供服务，自此后深受企业赞赏。

### 3.以客为先

客服人员在任何时间、地点，行动都应该以客为先，即应该做到如图5-5所示的几点。

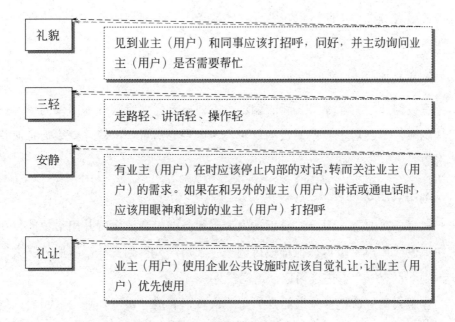

**图5-5 以客为先的要点**

### 4.让业主看到微笑

微笑是客服人员的重要习惯，保证对你面前3米内的业主（用户）微笑致意，并让电话中的业主（用户）感受到你的微笑。

微笑不仅会带来业主（用户）的喜悦，而且可以化解业主（用户）的不满。所以客服人员不仅保证要向业主（用户）微笑，更重要的是使微笑成为自己生活的一部分。

### 5.充分运用权力

满足业主（用户）的需求是企业获取利润的源泉。只要是为了满足业主（用户）的需求，客服人员应该对自身的判断力充满信心，运用企业的授权解决客户的困难。如果需要的话，可向其他部门的同事和上级管理者寻求支持和援助。

### 6.提出建议

客服人员必须不断认识企业存在的缺点，并提出你的改进建议，使企业的服务和质量更加完美。

### 7.积极沟通

积极沟通，消除部门之间的偏见。不要把责任推给其他部门或同事。在工作场所，不要对企业做消极的评论。对内要分清责任，对外要维护企业整体形象。

### 8.迅速解决问题

把每一次业主（用户）投诉视为改善服务的机会。倾听并用最快的行动解决业主（用户）投诉，保证投诉的业主（用户）得到安抚。客服人员必须认识到，没有一个业主（用户）愿意投诉。

客服人员应该把业主（用户）每一次投诉看成一次留住业主（用户）的机会，必须尽一切办法，快速回应，解决问题，再次赢得业主（用户）对企业的信心。

### 9.充满自信

制服要干净整洁、合身，鞋要擦亮，仪容仪表端正大方，上岗时要充满自信。客服人员在上岗时的精神饱满，着装整齐，充满自信，不仅表达了对业主（用户）的重视和尊敬，而且能够充分展示企业的形象和管理水平。

---

**❓ 小提示**

自信来源于对工作的驾驭能力、满意度和相关知识，自信的客服人员才会有工作的自豪感，自信的客服人员才会得到业主（用户）的尊重。

### 10.爱护企业财产

爱护企业财产，发现企业设备设施破损时必须立即报修。不爱护企业的资产就等于增加企业经营的成本，没有维修保养意识，不及时维修，新企业也会很快陈旧。

# 第二节　实施自我训练

除了企业培训之外，客服人员还要通过进行自我训练来提升自己。

## 一、自我训练的方法

下面介绍两种自我训练的方法。

### 1.自我考试磨炼法

（1）对工作中的不解之处应请教对此事最清楚的人，包括同事、上司等。

（2）模拟制作与业主（用户）之间的问答场面，其中每一个问题准备数个回答，以口语方式自我练习。

（3）积极参加经验交流会，不理解的地方当场问清楚。要注意听谈话重点，不可有所遗漏。

（4）试着从业主（用户）的立场去审视问题，并思考自己若处于业主（用户）的立场会如何想。

（5）与专业知识高于自己或做不同工作的上司和同事讨论。这种方法可吸收更多的知识和其他方面的工作经验。

（6）将没有自信回答的业主（用户）问题试着进行回答并完善它，并养成即日处理有信心之事的习惯。

### 2.自我预测法

客服人员要从下面几项问题的确认中掌握业主（用户）关心的内容：

（1）业主（用户）是否会告诉客服人员他关心哪些事。

（2）业主（用户）是否会借着洽谈的空闲告诉客服人员他们的想法。

（3）业主（用户）是否会以资料中的特定部分（使用方法、售后服务、效果等）为中心，具体提出问题。

（4）业主（用户）是否会突然提出与正在谈论的内容无关的问题。

（5）业主（用户）是否就不同观点重复发问相同的问题。

（6）业主（用户）是否之前不很关心、突然开始表示关心。

（7）业主（用户）是否在交谈中无意间会透露重要的信息。

## 二、走向成功的步骤

建立自信与知识技能的积累是成功的关键，如图5-6所示的是走向成功的步骤。

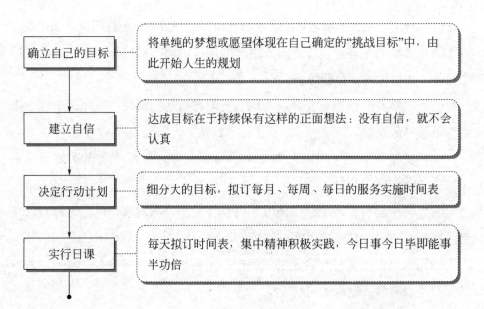

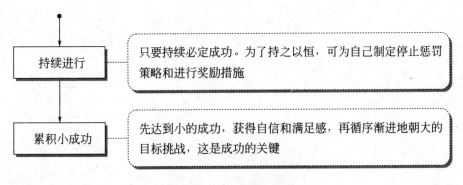

**图5-6　走向成功的步骤**

✎ 学习回顾

1. 简述提升自我有哪些方法可参考？
2. 简述如何养成良好的心态？
3. 如何定位自己的服务风格？
4. 如何培养一流的服务意识？
5. 进行自我训练有什么方法可行？

✎ 学习笔记

_____

_____

_____

_____

_____